इलाहाबाद ब्लूज

इलाहाबाद ब्लूज

अंजनी कुमार पांडेय

ISBN : 978-93-87464-86-5

प्रकाशक:
हिंद युग्म ब्लू
सी-31, सेक्टर-20, नोएडा (उ.प्र.)-201301
फ़ोन- +91-120-4374046

मुद्रक : श्री मैत्रे प्रिंटेक प्रा. लि., नोएडा
कला-निर्देशन : विजेन्द्र एस विज

पहला संस्करण : जुलाई 2020
दूसरा संस्करण : अगस्त 2020
चौथा संस्करण : जनवरी 2023
मूल्य : ₹199

Allahabad Blues
Memoir by *Anjani Kumar Pandey*

Published By
Hind Yugm Blue
C-31, Sector-20, Noida (UP)-201301
Phone- +91-120-4374046
Email : sampadak@hindyugm.com
Website : www.hindyugm.com

First Edition: Jul 2020
Second Edition: Aug 2020
Fourth Edition: Jan 2023
Price: ₹199

पिताजी को

***

यह यात्रा है एक मिडिल क्लास लड़के की। ऐसे लड़के आपको कहीं भी मिल सकते हैं। इलाहाबाद में, पटना में, जयपुर में, भोपाल में या फिर गोरखपुर में। छोटे-छोटे शहरों के हर एक घर में ऐसा एक लड़का जन्म लेता है, जो एक बेहतरीन जीवन की तलाश में अपना घर छोड़कर बड़े शहरों की ओर निकल पड़ता है। कभी पढ़ाई के लिए तो कभी नौकरी के लिए। यह सफर अमूमन एक तरफ का ही होता है। यह जब एक बार घर से बाहर निकल जाता है तो लौटकर कभी घर वापस नहीं आता। घर का आँगन, घर, शहर सब पीछे छूट जाते हैं। महानगर के चमकदार जीवन की तलाश में छोटे शहर का संतुष्ट जीवन हमेशा के लिए खो जाता है। आज के इस मिडिल क्लास लड़के को घर छोड़ने के बाद भी न ज्ञान मिलता है और न ही मोक्ष। इस किताब के मुख्य किरदार को भी घर छोड़े हुए बीस साल होने को हैं और वह आज भी बस भाग ही रहा है। ख्वाहिशें हैं कि खत्म ही नहीं होती हैं और उम्र है कि भागी जा रही है। बीत चुके जीवन की खुशियों और वर्तमान जीवन की उपलब्धियों के बीच हो रही प्रतिस्पर्धा के बीच यह किरदार कैसे सामंजस्य बनाता है, यह पुस्तक उसी का दस्तावेज है। मिडिल क्लास के हर लड़के को कहीं न कहीं इस किताब में खुद की कहानी छुपी हुई मिलेगी। जब तक पूँजीवाद की लड़ाई में मध्यम वर्ग का संघर्ष है, तब तक ऐसे लोग जन्म लेते रहेंगे और जूझते भी रहेंगे।

अपने मूल्यों को बचाने के साथ-साथ उच्चवर्गीय जीवन जीने की लालसा के बीच इनके भीतर एक भीषण मानसिक द्वंद्व हमेशा चलता रहता है। इसी

मानसिक द्वंद्व के बीच में कैसे वह वर्तमान के संघर्ष और बीते हुए पलों में जीवन के नए मायने ढूँढ़ता है, यह पुस्तक उसी की एक यात्रा है। साहित्यिक रूप में हम कह सकते हैं कि यह पुस्तक वृक्ष की जड़ों का एक टूटे हुए पत्ते से संवाद है। वृक्ष का हिस्सा होने का नि:स्वार्थ भाव जीवित तो है पर भौतिकता की आवारा हवाओं ने भाव के प्रकटीकरण को नियंत्रित कर दिया है। शब्द यहाँ मौन हैं और संवेदनाएँ, भावनाएँ एवं स्मृतियाँ मुखर हैं।

भूमिका

पता ही नहीं चला कि कब मेरी संघर्ष-यात्रा ने अनुभव का रूप ले लिया और कब इन अनुभवों ने एक किताब का रूप ले लिया। मैं नहीं जानता साहित्य की गूढ़ता को, मैं नहीं जानता लेखन की विधाओं को, और मैं यह भी नहीं जानता हूँ कि अच्छे साहित्य के मापदंडों को किस हद तक यह किताब छू पाएगी। मैं बस इतना जानता हूँ कि यह किताब मेरे बचपन और विद्यार्थी जीवन से उपजी हुई हल्की-फुल्की यादें है। कुछ खुशनुमा यादें और कुछ खुरदरी यादें। यह मात्र संयोग ही होगा अगर मेरे जीवन का यह यात्रा-वृत्तांत लेखन साहित्य की किसी विधा को छूकर गुजर गया हो।

हर इंसान एक बैकग्राउंड के साथ पैदा होता है और हर इंसान जीवन में एक अच्छे भविष्य का सपना देखता है। उन सपनों के साकार होने में खुद की मेहनत के साथ-साथ बहुत कुछ शामिल होता है। इंसान का खुद का इतिहास, पिता का त्याग, माँ की दुआएँ, भाई-बहनों का साथ और मित्रों का निःस्वार्थ उत्साहवर्धन। मैंने भी अपने मिडिल क्लास बैकग्राउंड को संभालते और जूझते हुए एक अच्छे जीवन की परिकल्पना की थी। या कहिए कि जो दिख रहा था, उसके स्वरूप को पूर्णतया परिवर्तित करने की चेष्टा की थी। वर्तमान से लड़ते और भविष्य में जीवन ढूँढ़ते हुए यह किताब मुझ जैसे उन तमाम हमउम्र लोगों का दस्तावेज है, जिन्होंने जीवन में पराकाष्ठा तक संघर्ष किया है। मुझे लगता है कि मेरा जीवन अगूगन उन सभी लोगों के जीवन का दर्पण है, जो मेरे हमउम्र हैं, जिन्होंने मेरे साथ ही या मेरे आसपास के वर्षों में जीवन का शुभारंभ किया है। इसीलिए यह लेखन आप लोगों को ही समर्पित

है। आप लोग शायद मुझसे या इस किताब से कनेक्ट कर पाएँगे और आप लोग ही इसको बेहतर ढंग से एप्रिशिएट कर पाएँगे।

बचपन से लेकर आज तक जो भी कुछ यादगार चित्र जीवन में उकेरे गए हैं, यह उन्हीं का संग्रह है। यह मेरे बचपन और वर्तमान की उन तस्वीरों का संकलन है जो कभी खींची ही नहीं गई हैं। कोई भी चित्र सिलसिलेवार नहीं है और कोई भी चित्र सिर्फ मेरा नहीं है। जिसने अपने जीवन को जैसे जिया है, वह चित्रों को अपने हिसाब से फिट कर सकता है। स्थान, पात्र, घटनाओं में अंतर हो सकता है पर ये झलकियाँ मेरे हमउम्र सभी मित्रों के जीवन पटल पर अवश्य अंकित होंगी। सच्चाई को छूकर गुजरती हुई यह कल्पना समर्पित है उन तमाम लोगों को जिन्होंने जीवन में संघर्ष किया और कुछ हासिल किया। यह उन लोगों को ज्यादा समर्पित है जिनके सपने अधूरे रह गए हैं, क्योंकि उनके पास है वह अनुभव, जो भावी पीढ़ियों को सार्थक संघर्ष हेतु स्व-उदाहरण से प्रेरित कर सकेगा।

इसके सृजन के समय जीवन की यादों को कलमबद्ध करने की प्रकिया में मुझे बार-बार बीते पलों को फिर से बेहिसाब जीने का मौका मिला। यह कहानी भी है और कल्पना भी है। जीवन में आए लोगों का और उनसे जुड़ी यादों का दस्तावेज भी है। कहीं न कहीं आप अपने आसपास ऐसे किरदार पाते रहेंगे।

इसका कोई आरंभ नहीं
इसका कोई अंत नहीं
कुछ किस्से आज
और
शेष फिर कभी...

क्रम

मध्यांतर

वर्तमान

स्मृतियाँ

बचपन इलाहाबाद का

इलाहाबाद एक शहर नहीं है बल्कि एक रोमाँटिक कविता है, एक जीवन शैली है, एक दर्शन है। धर्मवीर भारती ने कुछ भी गलत नहीं कहा था कि इलाहाबाद का ग्राम देवता एक रोमाँटिक कलाकार रहा होगा। एक बार आप शहर में प्रवेश कर जाएँ तो स्वयं ही उस रोमांच को महसूस कर सकते हैं। शहर की पूरी बनावट, रहन-सहन, खानपान, जीवनधारा अपने आप में अनूठी है। पत्थर गिरिजा चर्च से लेकर लेटे हुए बड़े हनुमान जी का मंदिर तक, अकबर के किले से लेकर शहजादे खुसरो के बाग तक, अरैल घाट से लेकर बड़ी अटाला मस्जिद तक, पुराने यमुना के पुल से लेकर नए केबिल वाले यमुना पुल तक, कहीं भी जाइए, हर जगह आपको रोमांच से भर देगी। हर एक सड़क, हर एक गली, हर एक कोना गंगा-जमुनी तहजीब से सराबोर है। हर प्रकार के भेद को मिटाता हुआ ये शहर अपने अंदर दो पवित्र नदियों गंगा और यमुना का मिलाप करवाता है। यह मेल करवाता है भारत में यूरोपीय नामों वाली सड़कों और मोहल्लों का। यह शहर मेल करवाता है सभ्यताओं, संवेदनाओं और भावनाओं का। ऐसा शहर ही महादेवी वर्मा और बच्चन को जन्म दे सकता है। ऐसा ही निराला शहर, महाकवि निराला का घर बन सकता है। ऐसे ही शहर में गंगा की सैर कर कोई पंत सुकुमार बन सकता है और ऐसे ही शहर में बिखर सकती है अकबर इलाहाबादी की शायरी और नज्में। सच में, ऐसा शहर ही कोई रोमांटिक कविता या नॉवेल हो सकता है, जिसको आप पढ़ते जाइए और डूबते जाइए। इसी शहर में बीता है मेरा बचपन... मेरा इलाहाबाद... मेरे बचपन का शहर... मेरी यादों का शहर।

बचपन के कुछ चित्र आज भी बार-बार उभर आते हैं। वैसे ही जीवंत और वैसे ही रंग भरे चित्र। याद है उन दिनों सिविल लाइंस जाना हर परिवार के लिए

एक गर्व की बात होती थी और वहाँ जाकर अगर शामियाने का इडली-डोसा नहीं खाया तो जाना ही बेकार होता था। इडली-डोसे का वह स्वाद मुझे जीवन में दोबारा कहीं नहीं मिला। और हाँ, हाथी पार्क गए बिना किसी भी बच्चे की सिविल लाइंस की यात्रा पूरी नहीं हो सकती थी। हाथी की पूँछ से घुसकर उसकी सूँड़ से निकलना आज भी मुझमें उतना ही रोमांच पैदा करता है, जितना कि बचपन में करता था। तब दिन इसी सोच में डूब जाते थे कि कैसे घुसें पूँछ से और निकलें सूँड़ से। शायद यही था बचपन और यही था बचपन का भोलापन।

अल्फ्रेड पार्क और चंद्रशेखर आजाद की कहानियाँ जो बचपन में सुनी थीं, वो आज भी वैसे ही दिल-दिमाग में तरोताजा हैं जैसे कि पहली बार सुनने पर लगा था। कभी किसी किताब में इलाहाबाद का नाम भर आ जाए तो लगता है कि इलाहाबाद ही पूरी दुनिया है। पूरा मन हर्षोल्लास से भर जाता है कि आज किताब में अपने शहर का नाम पढ़ा और गर्व होता है अपने शहर पर। ऐसा ही था मेरा बचपन। मेरे समय के हर बच्चे का बचपन।

सबका बचपन ऐसी ही यादों से भरा होता है। खाने की किसी पुरानी दुकान का स्वाद आज भी आपको याद होगा। खेलने की कोई जगह, जहाँ अब आप नहीं जा पाते हैं। हर शहर के बचपन में होंगी कुछ गलियाँ जहाँ आप माता-पिता का हाथ पकड़कर खूब घूमते थे। बस आप वहाँ इलाहाबाद की जगह अपने शहर का नाम लिख दीजिए। यादों की क्यारी हर जगह बन जाएगी। शायद बचपन ही जीवन का सबसे हसीन लम्हा होता है। सुनहरा होता है बचपन और उतनी ही सुनहरी होती हैं उसकी यादें। मेरे बचपन का इलाहाबाद मुझे बहुत याद आता है। शायद आप लोगों को भी आपका शहर उतना ही याद आता होगा। काश फिर से जी पाते वो दिन...

कोशिश रहेगी कि अपने बच्चों के बचपन में भी अपने शहर इलाहाबाद के कुछ रंग भर सकूँ। पिछले साल बेटी को हाथी पार्क की सैर पर ले गया था और उसी के बहाने मैं भी हाथी की पूँछ से घुसकर सूँड़ से कई बार निकला। फिसलते वक्त को कुछ देर मुट्ठी में रोकने की कोशिश की थी मैंने।

इलाहाबाद तुम्हें रोज पढ़ता हूँ एक रोमांटिक कविता की तरह और रोज एक विरह में डूबे प्रेमी की तरह ही तुमसे मिलना चाहता हूँ।

शुक्रिया इलाहाबाद! उस बचपन के लिए।

अंजनी कुमार पांडेय/ 16

नैनी और स्कूल

इलाहाबाद से सटा हुआ एक छोटा सा कस्बा है नैनी या यूँ कहें कि शहर का बाहरी हिस्सा है। कहते हैं भारत में पहली बार हवाई जहाज ने इलाहाबाद से नैनी की ही उड़ान भरी थी। आजादी की लड़ाई के दौरान पंडित जवाहरलाल नेहरू यहीं की सेंट्रल जेल में कैद थे। गंगा-यमुना के संगम के करीब होने के चलते यह जगह तमाम धार्मिक आश्रमों से भरी हुई है। इसी जगह सन 1988 में पिताजी और माताजी के साथ हम तीन भाई नैनी के अपने घर में शिफ्ट हुए थे। यहाँ आने के पहले हम किराए के घर में रहते थे और हर साल घर बदलना पड़ता था। मेरी उम्र भी बहुत छोटी थी इसीलिए नैनी के अपने घर में शिफ्ट होने के पहले की यादें बहुत धूमिल हैं। सही मायने में यहाँ आने के बाद ही मेरा बचपन शुरू हुआ। यही जगह मेरे बचपन का पहला दस्तावेज है। यहाँ की हर एक गली में मेरे बचपन के दिन बीते हैं। इसलिए नैनी के बारे में कहाँ से लिखना शुरू किया जाए, समझ में नहीं आता। शायद नैनी के बारे में मैं जीवनभर लिख सकता हूँ।

आँखें खुलीं तब अपने आपको इन्हीं गलियों में पाया। सुबह-दोपहर-शाम-रात। नैनी में शायद ऐसी कोई जगह नहीं, जहाँ मैं न गया हूँ। शायद ऐसी कोई गली नहीं जिसमें अपनी साइकिल न दौड़ाई हो। ऐसा कोई बाजार नहीं जहाँ चाट-पकौड़े न खाए हों। ऐसा कोई चौराहा नहीं जहाँ पर समय न गुजरा हो। सरगम सिनेमा से अरैल घाट, एडीए कालोनी से संगम, छिवकी रोड से जेल रोड, बेथनी कॉन्वेंट स्कूल से सेंट जॉन्स स्कूल, सब जगह बचपन की यादें भरी पड़ी हैं। शायद इसीलिए नैनी से लगाव है, इसीलिए नैनी से प्यार है और आज जबकि नैनी से दूर हूँ तो सिर्फ इसीलिए नैनी की दरकार है। नैनी के लिए जो मैं सोचता हूँ, वही आप लोग भी सोचते होंगे अपनी गलियों के

लिए, बचपन के दिनों के लिए। हर एक मोहल्ला जहाँ आपने अपना बचपन जिया हो, वह हमेशा सबसे करीब होता है। आपके जीवन में भी ऐसी एक जगह जरूर होगी। नाम शायद कुछ और हो उस जगह का। बचपन हमेशा एक स्थान विशेष से जुड़ा होता है और साथ में जुड़ी होती हैं तमाम वो यादें जो आपने वहाँ बनाई होती हैं। नैनी भी मेरे जीवन का वही हिस्सा है।

नैनी के बचपन में मेरे दो तरह के दोस्त थे। एक कॉलोनी के दोस्त और दूसरे सेंट्रल स्कूल के दोस्त। मुझे दोनों ही दोस्त प्यारे थे। लेकिन स्कूल के दोस्तों के साथ किस्से और यादें ज्यादा हैं। कॉलोनी के दोस्तों का एक ही काम था, साथ में क्रिकेट खेलना। स्कूल के दोस्त साये की तरह थे, हमेशा साथ। सब कुछ-न-कुछ सिखाकर गए। जगदीश जोशी ने मुझे लड़ाई करना सिखाया। सरोज बिष्ट ने मुझे साथ रहना सिखाया। पम्मू ने राजनीति करना। हरपाल ने स्कूल में पिटना सिखाया तो बाला सुब्रमण्यम ने घर के बने इडली डोसे का टेस्ट कराया। रोज कुछ नया करते थे और रोज थोड़ा-थोड़ा बड़े होते थे। 1988 से 1996 का समय मेरे स्कूल के नाम रहा। सेंट्रल स्कूल में ही यह समय बीता। कभी स्कूल में या फिर स्कूल के काम में। दिन भर कितना खेलते थे और कितना थकते थे हम। कितनी बार स्कूल की बाउंड्री फाँदकर भागते थे और कितनी बार पकड़े भी गए थे। सब बराबर पीटे जाते थे और यही सब की इच्छा भी रहती थी कि कोई भी पिटाई से बच न पाए। स्कूल में एक पांडे सर हुआ करते थे जिनकी निगाह से कभी कोई बच नहीं पाता था और न ही उनके बेहिसाब थप्पड़ों से। शायद उन्हीं की मार ने हमें इंसान बनाया। पांडे सर की तरह ही वहाँ कुछ और बेहतरीन टीचर्स थे जिन्होंने खुद जलकर हमें निखारा। मुझे हर एक वह लम्हा याद है जो मैंने उस स्कूल में गुजारा है। हर स्कूल ऐसा ही होता है। कुछ बदमाश बच्चे, कुछ बेहतरीन टीचर्स और एक अनोखा-सा बंधन। आज भी अगर किसी स्कूल टीचर से मुलाकात हो जाती है तो आदर के साथ सिर झुक जाता है।

कभी अगर अचानक किसी स्कूलमेट से मुलाकात हो जाती है तो बहुत ही ज्यादा खुशी मिलती है। कुछ दिन पहले स्कूल मित्र अमित सिंह बिहारी से सालों के बाद मुलाकात हुई। समय बीत चुका है पर बदला हुआ समय अमित में कोई मिलावट नहीं कर पाया। सरगम सिनेमा में वह तमाम पिक्चर्स जो हम

दोनों ने घर से छुपकर साथ में देखी थीं, वह आज भी मुझे नाम के साथ याद है। वही मिठास उसके स्वभाव में और वही अपनापन। स्कूलमेट कभी नहीं बदलते, अमित भी उन्हीं चंद लोगों में से एक है। वैसे कोई स्कूलमेट कभी बदल ही नहीं सकता क्योंकि यादों से छेड़छाड़ हो ही नहीं सकती है। स्कूल की यादों में सब यार कैद रहते हैं।

समय गतिशील है, बस भागता रहता है बेहिसाब... पर आज भी हम स्कूल के दोस्त जब भी मिलते हैं तो इस समय को भी मानो रोक लेते हैं और गवाह बनती हैं पुरानी यादें। रुका हुआ पल, खुशमिजाज दोस्त और मुस्कुराता समय। ऐसे ही कभी-कभी हम सारे दोस्त मिल लेते हैं। तारीखें याद नहीं रहतीं क्योंकि वह पल किसी भी समय की पकड़ से बहुत दूर होता है।

सालों बीत चुके हैं। स्कूल से घर और घर से स्कूल को जिए हुए। आज कुछ अगर साथ है तो बस उस सफर की तमाम धुँधली-सी तस्वीरें जो हम दोस्तों ने साथ में तय किए थे। ठिठोली, शैतानियाँ, उसकी खुशबू और ढेर सारी यादें...

शुक्रिया सेंट्रल स्कूल! उस शिक्षा के लिए और मेरे बचपन को खुशियों से भरने के लिए। आज जब भी बेटियों को स्कूल छोड़ने जाता हूँ तो बरबस अपना स्कूल याद आ जाता है। मैं भी आँखें बंद करके रोज अपने उस सफर पर जाने की नाकाम कोशिश करता हूँ और रोज भीग जाता हूँ यादों की बारिश में।

पुराना यमुना पुल

कल सुबह नैनी से इलाहाबाद को जोड़ने वाले नए यमुना पुल से गुजर रहा था। कहते हैं कि यह पुल आजाद भारत में बना पहला केबल ब्रिज है और इसीलिए आकर्षण का केंद्र भी है। लोग गाड़ियाँ खड़ी करके नीचे बहती हुई यमुना नदी को देख रहे थे। कुछ लोग सेल्फी भी ले रहे थे। बहुत अच्छा लगा कि अपना इलाहाबाद भी बदल रहा है। अगर विकास के पैमाने में वैज्ञानिक प्रोन्नति एक मापदंड है तो निस्संदेह नया यमुना पुल विकास के नए आयामों को छूता है। फिर भी न जाने क्यों मैं अपने आप को नए पुल से उतना कनेक्ट नहीं कर पाया! कुछ था जो शायद मिस हो रहा था! कुछ था जो शायद अब यादों में ही रह गया है! सामने ही था मेरा अपना पुराना यमुना पुल, जहाँ अब कोई नहीं जाता है। वह पुल मेरी तमाम यादों को समेटे हुए मानो मुझे ही देख रहा था। मानो बोल रहा था कि अब क्यों नहीं गुजरते हो इधर से।

एक पल के लिए मैंने अपनी आँखें बंद कीं और मुझे वो सारे सफर याद आ गए जो मैंने पुराने यमुना पुल से कभी किए थे। वही यमुना पुल जो सामने होकर भी अब शायद नहीं था। मेजा, मांडा, करछना और दूर-दराज के गाँवों को इलाहाबाद से जोड़ने वाला पुल। नीचे सड़क और ऊपर रेलमार्ग को सहेजता पुल। सैकड़ों साल के इतिहास को समेटता पुल। मेरी यादों का पुल। मेरे बचपन का पुल। बेमानी हुए अस्तित्त्व के बावजूद मेरे जेहन में बिलकुल तरोताजा पुराना यमुना पुल...

इलाहाबाद का पुराना यमुना पुल अपने भीतर अनेक कहानियाँ समेटे हुए है। जैसे कि यमुना नदी सबसे ज्यादा गहरी यहीं पर है, इतनी गहरी कि अगर ग्यारह हाथियों को एक के ऊपर एक खड़ा कर दिया जाए तब भी सभी हाथी डूब जाएँगे। एक कहानी और थी कि जब यह पुल अंग्रेज बना रहे थे तो यह

बन नहीं पा रहा था। उस समय चीफ आर्किटेक्ट की बीवी को एक सपना आया था कि अगर पुल का एक पिलर उनकी सैंडल की तरह दिखे तो यह पुल बन सकता है। इसीलिए पुराने यमुना पुल का एक पिलर लेडीज सैंडल के आकार का है। ऐसी और बहुत-सी कहानियाँ अक्सर सुनाई पड़ती रहती हैं जो इसके इतिहास में एक रोमाँच पैदा कर देती हैं।

जब मैं नैनी से इलाहाबाद पढ़ने जाता था तो पुराने पुल पर रोज एक घंटा ट्रैफिक जाम लगता था। फिर भी वह सफर मजेदार होता था। हम नीचे ऑटो में बैठे रहते और ऊपर से गुजरती ट्रेन की आवाज एक अजीब-सा रोमाँच पैदा करती थी। सामने की सीट पर बैठी कॉलेज की लड़कियाँ और फुल वॉल्यूम में बजते हिंदी फिल्मों के रोमाँटिक गाने। बरबस ही नजरें मिल जाती थीं हमारी। कितनी ही प्रेम कहानियाँ जन्मी होंगी उस सफर में। उस सफर में एक अजीब-सी मस्ती थी। गुनाहों का देवता हर स्टूडेंट्स में यहीं से जन्म लेता रहा होगा। यह पुल केवल नदी के दो किनारों को ही नहीं, न जाने कितने एहसासों, अनकहे वादों, अटूट इरादों और अपरिभाषित संबंधों को जोड़ता था। उस सफर में जीवन था। वह पुल एक लैंडमार्क था जहाँ कितनी ही जिंदगियाँ मिलीं, बिछड़ीं और फिर मिलीं भी कभी न बिछड़ने के लिए। हर इलाहाबादी को एक लगाव था उस पुल से और आज सबने उसे भुला दिया है। इंसान चीजों को इस्तेमाल करने के बाद अमूमन भूल ही जाता है।

पुराने यमुना पुल पर अब जाम नहीं लगता है। अब नहीं फँसते लोग उस ट्रैफिक जाम में। जिंदगी आज भाग रही है नए पुल पर, लेकिन पुराने यमुना पुल पर मेरा बहुत कुछ छूट चुका है। चंद मिनटों में मैं नया पुल पार कर चुका था...

सिविल लाइंस

सिविल लाइंस जान है इलाहाबाद की और मेरी भी। पिछली सदी के अंतिम दशक तक इलाहाबाद का सिविल लाइंस मोहल्ला अपनी सुंदरता बचाकर चल रहा था। अपना सिविल लाइंस बिलकुल वैसा ही था जैसा की गुनाहों के देवता में धर्मवीर भारती दिखाते हैं। इलाहाबाद के इस इलाके को अपनी सुंदरता और ठाठ पर गर्व था। अंग्रेजों के जमाने से ही यह जगह विशिष्ट जगह थी और विशिष्ट लोगों के लिए ही थी। शायद इसीलिए यह जगह आम इलाहाबादियों को हमेशा अपनी ओर आकर्षित करती है। इलाहाबाद में वैसे तो बहुत मोहल्ले हैं, लेकिन जो बात सिविल लाइंस में है वह शायद कहीं और नहीं। चूँकि मेरे पिता जी इसी सिविल लाइंस में एल्गिन रोड पर स्थित गर्ल्स हाई स्कूल में नौकरी करते थे तो मेरा लगाव इस जगह से कुछ ज्यादा है और गहरा भी है।

जब मैं छोटा था तो सिविल लाइंस की विदेशी नाम वाली सड़कें मुझे बहुत हैरान करती थीं। कैनिंग रोड, एल्गिन रोड, चर्च रोड, मिंटो रोड और ना जाने कौन-कौन-सी रोड। सब अंग्रेजों के नाम पर थीं और अपने भीतर वर्षों के इतिहास को समेटे हुए थीं। कैनिंग रोड सबसे मुख्य सड़क थी जिसको आज हम महात्मा गाँधी रोड के नाम से भी जानते हैं। आज भी यहाँ एंग्लो इंडियंस बहुत संख्या में रहते हैं। धीरे-धीरे बड़े होने पर यह पता चला कि इन सड़कों के नाम ऐसे इसलिए थे क्योंकि इलाहाबाद अंग्रेजों का एक बहुत बड़ा सेंटर था। धीरे-धीरे समय बीतता गया, राजनीति के चलते सड़कों के नाम बदलते गए और अब तो सभी नाम लगभग भुलाए जा चुके हैं। लेकिन मैं उन नामों को अभी भी मिस करता हूँ क्योंकि वो नाम कुछ अलग थे और आकर्षक भी थे।

जब मैं छोटा था तो सिविल लाइंस में भीड़-भाड़ बहुत कम होती थी। पिताजी की बजाज सुपर स्कूटर पर बैठकर हर सड़क और हर गली घूमता था। शामियाने का इडली डोसा, एजी ऑफिस के शंकर भोजनालय की थाली, कामधेनु का लड्डू और तमाम लॉरियों पर बिकती पानी-पूरी और आलू-टिकिया... कहीं-न-कहीं, कुछ-न-कुछ खाने का नंबर रोज लग ही जाता था। एलचिको होटल को उस समय केवल बाहर से ही देखा था क्योंकि वह बहुत महँगा हुआ करता था। शहर के बड़े लोग उसमें जाते थे और हम बाकी लोग उसकी बातें सुनते थे। सुनकर ही उसका आनंद लिया करते थे।

दो सिनेमाघर, पैलेस और प्लाजा, उस समय के सिविल लाइंस की शान हुआ करते थे। जब तक मैं स्कूल में था तब तक मुझे कभी भी उन सिनेमाघरों में जाने का मौका नहीं मिला। एक उत्साह हमेशा बना रहता था कि कब वहाँ जाकर फिल्में देखने का मौका मिलेगा। बाद में प्लाजा का नाम बदलकर राजकरन हो गया था। पैलेस थियेटर आजकल किसी शॉपिंग कॉम्प्लेक्स में बदल गया है। पीवीआर और मल्टीप्लेक्स के आने से चार शो वाले दोनों थियेटर धीरे-धीरे खत्म हो गए और मेरा उन टॉकीजों में फिल्में देखने का ख्वाब अधूरा ही रह गया।

सिविल लाइंस बस अड्डे से लेकर सुभाष चौराहा होते हुए पत्थर गिरिजा चर्च तक का दो किलोमीटर लंबा रास्ता मुझे बहुत बड़ा लगता था। स्कूटर पर बैठकर पिताजी को पीछे से कसकर पकड़े हुए, उस सड़क की तमाम यात्राएँ मुझे आज भी याद हैं। उस पूरी सड़क पर इंदिरा भवन, बीएन रामा मेंडिकल, कॉफी हाउस, शहंशाह... यही कुछ नामी-गिरामी इमारतें और जगहें हुआ करती थीं। पीछे की सड़कें अंग्रेजों के जमाने के बने आलीशान और बड़े बंगलों से भरी हुई थीं। उन बंगलों को देखकर हमेशा एक जिज्ञासा रहती थी कि कब ऐसे आलीशान बंगलों में रहने का मौका मिलेगा! दिल के किसी कोने में आज भी वह ख्वाब अधूरा है।

शहर छोड़े हुए करीब बीस साल हो गए हैं। अब जब भी जाता हूँ तो पहचान नहीं पाता हूँ कि यह वही शहर है। अब वहाँ अमलतास की छाँव नहीं दिखती है। सिविल लाइंस का दोस्ताना अंदाज भी गायब है। कई मॉल बन गए हैं। बड़े-बड़े शोरूमों ने सिविल लाइंस की हर रोड पर कब्जा कर लिया

है। हरियाली चली गई है और खड़ी हो गई है कंक्रीट की बड़ी-बड़ी इमारतें। शहर आगे बढ़ गया, लेकिन शहर की जान सिविल लाइंस कहीं पीछे छूट गया है। पहले की शांत सड़कों पर अब शोरगुल ज्यादा है।

बीस साल बीत चुके हैं, लेकिन दिल में बचपन की यादों के जो चित्र बने हैं दिमाग में, वे इतने गहरे हैं कि इतने बदलाव के बाद भी मैं हर बार सिविल लाइंस जाने से अपने आप को रोक नहीं पाता हूँ।

सिविल लाइंस अभी भी जान है मेरी और शायद इलाहाबाद की भी...

यूनिवर्सिटी रोड

इलाहाबाद का नाम आए और इलाहाबाद यूनिवर्सिटी की चर्चा न हो, ऐसा तो हो ही नहीं सकता। और इलाहाबाद यूनिवर्सिटी का नाम आए और यूनिवर्सिटी रोड की चर्चा न हो, ऐसा तो किसी भी कीमत पर नहीं हो सकता है। कुछ तो है इस रोड पर... सुबह से दोपहर... दोपहर से शाम... और शाम से रात... स्टूडेंट्स का मजमा यहाँ हमेशा लगा ही रहता है।

मनमोहन पार्क से लेकर यूनियन गेट तक फैली यह रोड। करीब एक किलोमीटर का दायरा तय करती हुई यह रोड। अमरनाथ झा और सर सुंदर लाल हास्टल को अपने में समेटे हुए यह रोड। कॉपी-किताब की दुकानों और चाय के ठेलों से भरी यह केवल एक रोड नहीं है, बल्कि यह एक हिस्सा है इलाहाबादी जीवन का। एक जरिया है सपनों के सच होने का। एक एहसास है जीवन में जान होने का। और एक नदी है आशा की, जिसे पार करके हर एक स्टूडेंट जीवन के संघर्षों की नई गाथा लिखता है।

अगर इलाहाबाद यूनिवर्सिटी एक शरीर है तो यूनिवर्सिटी रोड इसकी आत्मा है। अगर इलाहाबाद यूनिवर्सिटी एक दिल है तो यूनिवर्सिटी रोड उसमें उपजा पवित्र प्रेम है। अगर इलाहाबाद यूनिवर्सिटी एक पुष्प है तो यकीनन इस पुष्प की महक सबसे ज्यादा युनिवर्सिटी रोड पर ही बिखरी हुई मिलेगी। चाहे कितनी भी उपमाओं को समेट लिया जाए, यूनिवर्सिटी रोड पर निरंतर फैले जीवन के रंगों को समेटना यकीनन नामुमकिन है। ऐसी है यह युनिवर्सिटी रोड। सपनों की रोड... मेरा और मेरे दोस्तों की रोड... इलाहाबाद के हर स्टूडेंट की रोड...

शायद इसी रोड पर चलते हुए धर्मवीर भारती ने गुनाहों के देवता को जिया होगा! शायद यहीं कहीं महादेवी वर्मा ने अपने प्रेम को खोया होगा!

शायद यहीं कहीं बच्चन ने प्याले छलकाए होंगे! और शायद यहीं कहीं फिराक गोरखपुरी ने मौसम की शरारत को महसूस किया होगा! इतने महान लोगों को जिसने अपने सीने में जगह दी हो, वह जगह ही कालजयी ग्रंथों की रचना की साक्षी हो सकती है! और यकीनन यह रोड मामूली नहीं हो सकता है!

आज वो महान लोग इस दुनिया में नहीं हैं, लेकिन उनके जीवन से प्रेरणा लेने वाले आज भी बहुतेरे हैं। आज भी जब कोई किशोर गोरखपुर के किसी गाँव से इलाहाबाद पढ़ने आता है तो उसे पता होता है कि उर्दू के बेमिसाल शायर फिराक गोरखपुरी इसी जगह से संघर्ष करके इलाहाबाद यूनिवर्सिटी के इंग्लिश डिपार्टमेंट में प्रोफेसर बने थे। आज भी जब कोई लड़का प्रतापगढ़ की किसी बस्ती से निकलकर यहाँ पहुँचता है तो वह जानता है कि बाबू पट्टी के हरिवंश राय को 'बच्चन' इसी माहौल ने बनाया। आज भी जब कोई लड़की घर से कदम बढ़ाकर भरी सड़क पर अकेली निकलती है तब वो जानती है कि 'नीर भरी दुख की बदरी' यहीं प्रयाग विद्यापीठ में महादेवी वर्मा पर जमकर बरसी थी। शायद यही सब बातें यहाँ के स्टूडेंट्स को संबल प्रदान करती हैं। यही कारण है यहाँ के विद्यार्थियों में जुझारूपन मिलता है और जीवन के हर पाठ को बखूबी समझने की हिम्मत इस रोड से गुजरने वाला हर संघर्षशील युवक रखता है। शायद यही संघर्ष हर इलाहाबादी विद्यार्थी को आसमानों से भी ऊपर ले जाता है।

आज भी मैं अपने आप को देख सकता हूँ। यूनिवर्सिटी रोड पर एवन साइकिल से जाता हुआ। सत्रह साल की उम्र में संघर्षरत- कभी अकेला, कभी दोस्तों के साथ, कभी भीड़ में, कभी तन्हाई में। कभी सर्दियों में एक रुपए की चाय के लिए चाय की दुकान पर इंतजार करता हुआ। कभी गर्मियों में रोड के किनारे छाँह ढूँढ़ता हुआ। कभी सपनों में जीता हुआ, कभी जीवन के सपने देखता हुआ, कभी दोस्तों के साथ मस्ती करता हुआ, कभी प्रेमगीत गाता हुआ और फिर कवि बनता हुआ...

कितने ही पूरे होते सपनों की गवाह है यह रोड। कितने ही बिखरे सपनों का दर्द लिए है यह रोड। कितने ही प्रेम पनपे होंगे यहाँ पर। और शायद कितनी ही विरह की नदियाँ यहाँ बही होंगी। शायद यही जीवन है। और शायद

यही है जीवन के रंग। इन सबको अपने में समेटे हुए यूनिवर्सिटी रोड आज भी जीवन को नए मायने प्रदान कर रहा है।

हर रोज एक पत्थर को हीरा बनाती है यह रोड।

आज फिर गुजरा हूँ यूनिवर्सिटी रोड से
आज फिर एक सपना देखा किसी किशोर ने
आज फिर मिला धर्मवीर के चंदर से
आज फिर एक सुधा विरह में थी
आज फिर एक शाम मधुशाला के नाम
आज फिर गुजरा हूँ यूनिवर्सिटी रोड से...

कुंभ के दिन

इलाहाबाद में कुंभ मेला लगता है, यह बात तो पूरा भारत जानता है। कई पुरानी फिल्मों में भी दो भाइयों को अक्सर कुंभ के मेले में ही बिछड़ते हुए दिखाया गया है। इससे लोगों को यह याद रहता है कि कुंभ मेला इलाहाबाद में लगता है। हाल में ही आयोजित दिव्य कुंभ महोत्सव को सोशल मीडिया ने दुनिया के हर कोने तक पहुँचा दिया।

वैसे जो लोग इलाहाबाद के नहीं हैं, उनको यह बताना चाहता हूँ कि अर्धकुंभ छह सालों पर और कुंभ मेला बारह सालों के अंतराल के बाद इलाहाबाद में संगम तट पर लगता है। इसके अलावा संगम पर हर साल एक और मेला लगता है जिसे हम इलाहाबादी 'माघ मेला' के नाम से जानते हैं। माघ मेला इसलिए, क्योंकि यह माघ के महीने में लगता है जो अंग्रेजी कैलेंडर के हिसाब से जनवरी-फरवरी में पड़ता है। कुंभ मेले की तरह नहीं लेकिन कुंभ जैसा ही। उतना विशालकाय नहीं लेकिन उतनी ही भव्यता। उतनी भीड़-भाड़ नहीं पर जोश वैसा ही। जो धर्म की खुशबू कुंभ मेले में आती है, हर इक इलाहाबादी उसे हर माघ मेले में महसूस करता है। इसीलिए इलाहाबादियों के लिए हर माघ मेला कुंभ मेला ही होता है।

कुंभ मेला हो, अर्धकुंभ मेला हो या फिर माघ मेला हो, हम इलाहाबादियों के लिए तो एक ही मतलब है। खाली शाम, संगम का किनारा और नौका विहार। सफेद टेंटों से बने घर, पैरों में लगती रेत और झालरों की चमक। माघ की सिहरन और हर दस कदम पर मिलती गर्म चाय और चटपटे पकौड़े। मजीरों के साथ हवाओं में हर तरफ से गूँजती राम कथा। दीयों से जगमगाती गंगा, यमुना और सरस्वती, मानो धरती पर स्वर्ग उतर आया हो। मानो आनंद इसी को कहते हैं। मानो ऐसा ही कोई स्थान होता होगा जिसके लिए मोक्ष की

लालसा में लोग मीलों दूर से चलकर संगम स्नान को इलाहाबाद आते हैं।

माघ का महीना, भीषण सर्दी और फिर भी लोग गंगा मइया में एक डुबकी लगाने दूर-दूर से आते हैं। सबका एक ही मकसद होता है कि जीवन के बाद की यात्रा अच्छी हो। सबके अपने मायने, सबकी अपनी सोच और सबकी अपनी श्रद्धा। बुजुर्गों के लिए मोक्ष, वयस्कों के लिए धर्मकार्य और बच्चों के लिए मस्ती का समय होता है यह मेला। लेकिन एक बात सब में समान रहती है और वह है आस्था। कुछ तो है जो संगम किनारे लोग दौड़े चले आते हैं।

वैसे सबसे खास बात यह कि बचपन में कोई भी इलाहाबादी बच्चा गंगा स्नान को अपनी मर्जी से नहीं जाता है। संगम नहाने मैं भी कभी अपनी मर्जी से नहीं गया। हमेशा खींचकर ले जाते थे पिताजी, और सटीक कहूँ तो घसीटकर ले जाया जाता था मैं और मेरी उम्र का हर लड़का। जनवरी-फरवरी के महीने में जब कड़ाके की ठंड में पारा माइनस पर चला जाता था तब संगम में डुबकी का नाम सुनकर ही जान निकल जाती थी। अगर एक दिन बाद का स्नान हो तो शाम से ही कोई बहाना खोजते थे कि कल नहाने न जाना पड़े। लेकिन पिताजी तो पिताजी ही होते हैं, किसी के भी हों।

भोर में पाँच बजे उठना पड़ता था। एडीए कॉलोनी नैनी से अरैल घाट तक की पाँच किलोमीटर तक पैदल यात्रा, फिर नाव से संगम पहुँचना और रोते-रोते नदी में उतरना। क्या ठंड होती थी, लगता था मानो पूरा शरीर कटकर गिर रहा हो वहीं संगम में। सोचते थे कि बड़े लोग नहाएँ तो नहाएँ, साला हमें काहे जबरदस्ती नहला दे रहे हैं। फिर भी नहाना तो पड़ता ही था। अक्सर दो चार मोहल्ले और स्कूल के लोग भी नहाते हुए दिख जाते थे, तो उनको दिखाने के लिए दो-चार डुबकी ज्यादा भी लगानी पड़ती थी। मुझे याद है कि मैं हमेशा नहाने के बाद पिताजी से नाराज होता था कि ठंड में जबरन क्यों नहलाया गया। जब तक घर के सभी लोग बिनती न करें, तब तक मानता नहीं था। उस रूठने का भी अपना मजा था और मान जाने के बाद की एक अलग अकड़ होती थी। पिताजी के चलते एक बार कड़कड़ाती ठंड में जो संगम स्नान हो जाए तो उसके बाद हम खूब मजा करते थे। वैसे भी गंगा स्नान के बाद ठंड एकदम भाग जाती थी। संगम से अकबर के किले तक की नाव

यात्रा करना, साइबेरियन पक्षियों को दाना फेंकना, दूसरी नावों से जाते लोगों को देखना और जय गंगा मइया का जयकारा लगाना। वाह सोचकर ही वो नजारा आज भी जीवित हो उठता है।

नाव से उतरने के बाद पहले एक गरम चाय और गरम-गरम भजिया। क्योंकि इतनी ठंड में संगम स्नान कर पिताजी पर एहसान किया है तो मेला घूमना भी बनता है। जब चाय का स्वाद खत्म हो जाता था तो बाद में रामदाना/ रामलैया खाने को मिलती थी। मेले से कोई चश्मा लेता तो कोई बांसुरी। तो कोई मिट्टी से बना इकतारा। क्या दिन थे वो। क्या गर्माहट थी वहाँ की चाय में। क्या मिठास थी उस रामदाने में। क्या संगीत था उस बाँसुरी में। वैसा आनंद जीवन में दोबारा कहीं नहीं मिला। बहुत समय हो गया माघ मेले में घूमे हुए। बहुत समय हो गया गंगा स्नान किए हुए।

अब जबकि इलाहाबाद से दूर हूँ तो माघ मेला या कुंभ मेले की खबर केवल टीवी से मिलती है। मन करता है कि काश पलक झपकते ही अरैल घाट पहुँच जाऊँ, संगम में खूब डुबकी लगाऊँ और नाव पर बैठकर जय गंगा मइया का जयकारा लगाऊँ।

एक बात की तसल्ली जरूर है कि ऊपर वाले ने मुझे ऐसी जगह जन्म दिया जो बेहद ही पवित्र है और कैसे दूर-दूर से लोग उस जगह पर जाने के लिए बेकरार रहते हैं। भगवान ने मुझे विशिष्ट जगह जन्म देकर मुझे गंगा-यमुना के तमाम आशीर्वाद ऐसे ही दिला दिए। आज जहाँ भी हूँ शायद उसी मिट्टी की वजह से हूँ।

मनकामेश्वर के शंकर

पूरा इलाहाबाद भगवान शंकर और बजरंग बली हनुमान के मंदिरों से भरा पड़ा है और इन मंदिरों के साथ मिलकर संगम की खुशबू से पूरा शहर ही धर्ममय हो जाता है। एक बात जो इस शहर को सारी दुनिया से अलग करती है, वह है भगवान शंकर का सर्वोत्तम रूप जो ठीक संगम के करीब मनकामेश्वर मंदिर में दिखाई पड़ता है। दुनिया में ऐसी तमाम मान्यताएँ मौजूद हैं कि भगवान शंकर की पूजा करने से लड़कियों को मनचाहा जीवनसाथी मिलता है। लेकिन पूरी दुनिया में इलाहाबाद के मनकामेश्वर मंदिर के पास ही वह शक्ति है कि लड़कियों के साथ-साथ भोलेनाथ लड़कों की भी प्रार्थना सुनते हैं। इसीलिए जीवन में पढ़ाई की राह में शीघ्र ही सफलता मिलने की कामना लिए हुए पूरे इलाहाबाद के स्टूडेंट्स यहाँ आते हैं। जहाँ तक आस्था का सवाल है, मुझे भी तमाम इलाहाबादियों की तरह ही भगवान शंकर के इस मनकामेश्वर मंदिर में संपूर्ण आस्था है। जब से इस शहर में जन्म लिया है, तब से मैंने यहाँ केवल भक्तों की भीड़ ही देखी है। तमाम लोगों को कहते सुना है कि शंकर ही जीवन हैं, शंकर ही मृत्यु हैं और जीवन-मृत्यु के बीच में भी शंकर ही हैं। इलाहाबाद शहर में भगवान शंकर के मनकामेश्वर रूप का राज चलता है। इनके संरक्षण में पलने की वजह से मैं भी इनके प्रभाव से अछूता नहीं रह पाया हूँ।

कॉलेज में आने और जीवन के संघर्षमय होने के बाद इनके प्रति मेरी आस्था और मजबूत हो गई क्योंकि आईएएस की तैयारी करने वाले तमाम स्टूडेंट्स को मैंने यहाँ पर हमेशा आते हुए देखा था। अथक परिश्रम करने के साथ-साथ यहाँ के स्टूडेंट्स रोज नियम से बाबा मनकामेश्वर के यहाँ दर्शन के लिए आते रहे हैं और मैंने सुना है कि बाबा किसी को निराश नहीं करते हैं।

संगम के करीब इस मंदिर का परिसर तो बहुत छोटा-सा है, लेकिन पवित्रता बहुत विशाल है। यमुना नदी के किनारे इसे और भी मनमोहक बना देते हैं। जब भी स्टूडेंट्स उदास होते हैं, जिंदगी को हारने लगते हैं और कहीं कोई रास्ता नहीं सूझता है, तब भगवान शंकर का यह मंदिर ही उनको सहारा देता है। यहाँ आने के बाद जीवन के भीतर एक शक्ति का एहसास होता है, जो लगातार मिल रही असफलता के दुख को मिनटों में दूर कर देती है। लाखों लोग यहाँ आते हैं और यहाँ से फिर दुगुनी ताकत से जूझने की शक्ति लेकर ही लौटते हैं। एमए की पढ़ाई के दौरान मेरे जीवन की दिनचर्या में भी मनकामेश्वर बाबा के यहाँ जाना जुड़ गया था और जब तक इलाहाबाद में रहा, मैं यहाँ रोज जाता था। कभी अगर दिन में व्यस्त होने पर न जा पाऊँ तो शाम या देर रात में भी चला जाता था। रात के सन्नाटे में काली सुनसान सड़कों पर जीवन में सफल होने की उम्मीद लिए घर से साइकिल लेकर मंदिर की तरफ निकल पड़ता था। वे रास्ते लंबे हुआ करते थे लेकिन भगवान के प्रति मेरी आस्था इतनी गहरी थी कि न जाने कितनी बार वे लंबे रास्ते मुझे छोटे नजर आते थे।

पुराने लोग बताते हैं कि रात के अँधेरे में भगवान शंकर अपने पूरे परिवार के साथ यहाँ आते रहते हैं और उनके सभी साथी भूत-प्रेत और पिशाचगण भी यहाँ रात के वक्त घूमते रहते हैं। पहले तो यह कहानी सुनकर डर-सा लगता था, लेकिन जब वहाँ जाने का सिलसिला शुरू हुआ तो मानो सारा भय खत्म हो गया। लगा कि जब भगवान अपने साथ हैं, तो उनके गणों से कैसा डर! भगवान का पूरा परिवार रक्षा करता रहा और कभी कोई नुकसान नहीं पहुँचाया। कभी-कभी दोस्तों के साथ वहाँ बैठे रहने पर यह एहसास भी हुआ कि वहाँ हमारे अलावा कोई और भी है, लेकिन हमेशा यही लगा कि जो भी है, हमारी रक्षा ही करेगा।

मेरी ही तरह सालों-साल स्टूडेंट्स यहाँ आते रहते हैं और जीवन की तमाम परीक्षाओं में सफल होने की प्रार्थना करते रहते हैं। मैं भी आता था और रोज भगवान से जीवन के सफर में सफल होने की प्रार्थना करता था। इलाहाबाद के लड़कों के लिए यह स्थान एक अटूट श्रद्धा का स्थान है, जहाँ आना उनके लिए एक नियम है। आईएएस, पीसीएस एग्जाम में सफल हों या

असफल हों, यहाँ आना जरूरी रहता था। जो सफल होते हैं, वह कृतज्ञ होकर आते हैं और जो असफल होते हैं वह अगली बार सफल होने की प्रार्थना के साथ यहाँ से जाते हैं।

आज जीवन की छोटी-सी उपलब्धि के बीच में उनको याद करना कभी नहीं भूलता हूँ। आज भी जब कभी तकलीफ में होता हूँ तो आँखें मूँदकर याद कर लेता हूँ भोलेनाथ को, कि हे प्रभु कष्ट में हूँ, मदद करो। भगवान मुझे कभी निराश नहीं करते, तब भी नहीं किया था जब मैं संघर्षरत था और आज भी नहीं करते जब संघर्षों के कुछ दौर खत्म हुए हैं।

उनके आशीर्वाद के बिना मैं कुछ भी नहीं था और जो हूँ वह भी उनकी ही कृपा है। मनकामेश्वर इलाहाबाद के राजा हैं और उनकी मर्जी के बिना इलाहाबाद में कुछ नहीं होता है। मुझे विश्वास है कि संगम की खुशबू के बीच में सच्चे मन से की गई भगवान मनकामेश्वर की प्रार्थना कभी खाली नहीं जाती है।

इलाहाबाद के स्टूडेंट्स के एक ही गुरु हैं और वह हैं प्रयागराज मनकामेश्वर भगवान।

यूइंग क्रिश्चियन कॉलेज (ईसीसी)

समय की रफ्तार का पता ही नहीं चलता है। एक और दिसंबर आ गया और देखते-ही-देखते एक और साल बीतने को है। विश्वास ही नहीं होता कि कॉलेज से निकले हुए बीस साल होने को हैं। शायद ऐसे ही जिंदगी बीत जाती है। बीते समय को इंसान केवल बंद आँखों से देख सकता है। कुछ पल जो अब जिए नहीं जा सकते हैं। कुछ लोग जो अब जीवन में नहीं हैं। कुछ गलतियाँ जो नहीं होनी थीं। और भी बहुत कुछ जो उसके हाथ से जा चुका है।

इन्हीं खयालों में आज फिर से जिंदगी के बीते पलों की किताब को खोलने का दिल किया और अनायास ही मैं उन बीते दिनों में डूब गया जो अब बस यादों का रूप लेकर ही वापस आ सकते हैं। शायद अतीत हमेशा सुंदर ही होता है, या कहा जाए कि अतीत कैसा भी हो उसका स्मरण सदैव मधुर प्रतीत होता है। इन्हीं कशमकश में डूबा हुआ, बीते दिनों को खोजता हुआ, यादों में गोते लगाता हुआ, मैं निकल पड़ा अपने शहर इलाहाबाद की ओर।

मानो कल की ही बात हो जब मैंने यूइंग क्रिश्चियन कॉलेज में एडमीशन लिया हो। स्कूल से निकलने के बाद आप जिस आजादी का अनुभव कॉलेज में करते हैं, वह अनुभव मुझे यूइंग क्रिश्चियन कॉलेज में मिला। ईसीसी के नाम से मशहूर मेरा यह कॉलेज इलाहाबाद के उन संस्थानों में से है जो वाकई अपनी बेहतर शिक्षा के लिए जाने जाते हैं। आज जहाँ भी हूँ कुछ अंश अभी भी इसी कॉलेज की देन है।

अंग्रेजी हुकूमत की छाप लिए हुए यह कॉलेज अपने आप में एक गरिमामयी इतिहास समेटे हुए है। इस कॉलेज में एक अलग-सा आकर्षण है, अलग-सी बनावट है इसकी और यहाँ पढ़ने में एक अलग-सा रोमाँच है। यमुना नदी का किनारा, अंग्रेजी हुकूमत के समय की बनी इमारतें, एंग्लो

इंडियन टीचर्स और कॉलेज के बीचोबीच खड़ा बरगद का एक पेड़ अलग-सा माहौल था इस जगह में। सैकड़ों साल पुराना बरगद का वह पेड़ जिसकी छाँव में बैठकर बहुत-सी क्लासेज बंक की गईं। जहाँ चाय के दौर चलते थे। जहाँ आजाद हवा थी। जहाँ आजाद खयाल थे। जहाँ क्रांति की बातें भी हुईं और जहाँ प्रेमगीत भी लिखे गए। जहाँ अनगिनत लड़कों ने एक अच्छे जीवन का सपना देखा था।

ऐसे ही एक अच्छे जीवन का सपना मेरे आजाद मन ने भी देखा था इस कॉलेज में। वो सपना कितना पूरा हुआ यह तो मैं नहीं जानता, लेकिन एक बात का सुकून है कि यहाँ के टीचर्स के द्वारा दी गई शिक्षा आज भी मुझे रास्ता दिखाती है। आज भी देख सकता हूँ खुद को साइकिल से कॉलेज जाते हुए। आज भी देख सकता हूँ खुद को क्लासरूम में बैठकर नोट्स बनाते हुए। आज भी देख सकता हूँ खुद को रात भर पढ़ते हुए। आज भी याद हैं वे सीढ़ियाँ जिन्होंने मंजिलें दिखाईं। आज भी याद हैं वो पाठ जो जीवन के फलसफे बयान करते थे। और आज भी जीवित है वो जिजीविषा जो ईसीसी ने मुझ में जगाई थी।

शायद हर लड़के का कॉलेज ऐसा ही होता है। शायद हर कॉलेज यही सिखाता है। शायद हर कॉलेज ईसीसी होता है, बस लोग किसी और नाम से याद करते हैं। आज घूम आया मैं फिर से अपने कॉलेज। आज पी आया मैं फिर से चाय की एक प्याली। आज सुन आया मैं फिर से एक प्रेमगीत। और आज जी आया मैं फिर से बीते हुए कुछ साल। कॉलेज के दिन कभी नहीं भुलाए जा सकते हैं।

कॉलेज का वह दिन

यमुना नदी का किनारा, बहती हुई हवा, सामने पुराने पुल से गुजरती हुई एक ट्रेन, यही सिग्नेचर सीन है यूइंग क्रिश्चियन कॉलेज का। हो भी क्यों न, यही वह नजारा है जो यहाँ पर पढ़ने वालों को और पढ़ाने वालों को रोज दिखता है।

सन 2000 की बात है। फरवरी का महीना था। मैं कॉलेज लॉस्ट ईयर में था। जूनियर्स हर एक डिपार्टमेंट में फेयरवेल की तैयारी में लगे हुए थे। पूरा माहौल यह बता रहा था कि अब कॉलेज से बिछड़ने का समय आ चुका है। हम सभी बैचमेट भी रोज थोड़ा-थोड़ा सेंटिमेंटल होते थे और बीत गए तीन सालों की यादों को फिर से जीने की कोशिश करते थे। आने वाले भविष्य की चिंता भी थी कि कॉलेज के बाद क्या करेंगे।

ऐसे ही माहौल में एक शाम को मैं और मेरे तीन दोस्त आशीष गुप्ता, अनुराग केसरवानी और आनंद उपाध्याय कॉलेज ग्राउंड में ऐतिहासिक बरगद के पेड़ के नीचे पड़े हुए थे। हाथों में चाय, सर के नीचे बैग और दिल-दिमाग पर भविष्य का बोझ लिए बातों में मशगूल थे।

गुप्ता का भविष्य क्लियर था। माँ-बाप का इकलौता बेटा था और पिताजी की एक दुकान थी। उसी दुकान को अच्छे से बढ़ाना और खूब पैसे कमाना उसका सपना था। केसरवानी के पिताजी की दाल मिल थी और वह हम सब में सबसे ज्यादा रईस था। फिर भी वह अपने दम पर कुछ करना चाहता था। सीए या एमबीए के बारे में सोच रहा था। आनंद टोटल कन्फ्यूज्ड था और अभी तक कुछ सोच नहीं पाया था कि आगे जीवन में क्या करना है। फिलॉस्फी ज्यादा मारता था आनंद। चूँकि मैं अपने गैंग में थोड़ा पढ़ने में तेज था तो मुझे सभी टीचर्स लोग यूपीएससी के लिए मोटीवेट करते रहते थे। मेरे

दिल-दिमाग में भी कहीं-न-कहीं बड़ा अधिकारी बनने की इच्छा थी और जब कभी भी अपने आस-पास किसी की सफलता के बारे में सुनता था तो यह इच्छा और बढ़ जाती थी।

गुप्ता का हमेशा यह मानना था कि मैं यूपीएससी पास करने के लिए ही बना हूँ। उसको सरकारी गाड़ी, सरकारी गार्ड और बंगले का बहुत क्रेज था। वह हमेशा मुझे बोलता था कि वह आगे पढ़ नहीं सकता है लेकिन उसे यह सब सुख सुविधाएँ चाहिए। एक बार अगर मैं अफसर बन गया तो वह सब सरकारी सुविधाओं का मजा ले सकेगा। गुप्ता का सपना मुझे जोश देता था। कॉलेज में देखे हुए सपने बहुत ही हसीन होते हैं। वह दोस्ती भी बेहतरीन होती है जिसमें कुछ भी किसी एक का नहीं होता है। सब कुछ सबका होता है।

हम चारों में केसरवानी सबसे समझदार था। उसका मानना था कि मुझे दिल्ली न जाकर इलाहाबाद में ही पढ़ाई करनी चाहिए। दिल्ली में बरबाद होने का चांस भी बराबर बना रहता है। जितना बड़ा शहर होता है, चकाचौंध उतनी ही ज्यादा रहती है। महीने का रहने का खर्चा ही दस-बारह हजार हो जाता है। पढ़ने के लिए खुद के भीतर का मोटिवेशन चाहिए होता है। जिसको पढ़ना होता है वह कहीं भी पढ़ लेता है।

उपाध्याय का एक ही विचार था कि जिसको जहाँ जाना होता है वह वहाँ पहुँच ही जाता है और जिसको जो बनना होता है वह बन ही जाता है। सबकी बातें सुनता मैं भी इसी उधेड़बुन में था कि क्या लिखा है मेरे जीवन में। शायद उस दिन उस वक्त उन तीनों दोस्तों ने जो कहा था वह सच साबित हुआ। शायद उस दिन उन तीनों की जुबान पर साक्षात देवी सरस्वती सवार थीं। वह दिन खास था, वह दिन मेरे जीवन की भविष्यवाणी का दिन था।

और अजीब संयोग था कि उस दिन ही मैंने यूपीएससी को एक कैरियर के रूप में पहली बार सीरियसली लिया था। आज जब भी सोचता हूँ उस दिन के बारे में तो लगता है कि शायद जीवन के हर फलसफे में उपाध्याय की फिलॉस्फी सही बैठती है। जिसको जहाँ जाना होता है, वह वहाँ पहुँच ही जाता है। मेरी किस्मत में शायद यूपीएससी ही लिखा था।

कॉलेज का वह दिन मेरी जिंदगी में मील का पत्थर साबित हुआ।

निगाहों की बातें

कीडगंज की दूसरे नंबर वाली गली में मेरी पहली प्रेमिका हुआ करती थी। मैं फर्स्ट इयर कॉलेज में पढ़ता था और इसी मोहल्ले का आशीष मेरा दोस्त था। आशीष के यहाँ मेरा आना-जाना लगा रहता था। चूँकि कॉलेज में सभी टीचर्स मेरी पढ़ाई की खूब तारीफ करते थे तो इसीलिए आशीष के पिताजी भी मुझे बहुत पसंद करते थे। धीरे-धीरे आशीष के आस-पड़ोस में भी हल्ला हो गया कि आशीष का दोस्त पढ़ने में बहुत तेज है और आगे चलकर कलेक्टर जरूर बनेगा। इसी आशीष के पड़ोस में एक लड़की रहती थी। मुझे नहीं पता कि कब उसका दिल मुझ पर आ गया था। वह उसका एकतरफा प्यार था क्योंकि मुझे तो पता ही नहीं चला था कि ऐसा कुछ चल भी रहा था। वह आर्य कन्या डिग्री कॉलेज में पढ़ती थी। मैं जब भी कॉलेज से आशीष के घर पहुँचता, तो वह बालकनी में मेरा इंतजार करती रहती थी। धीरे-धीरे मुझे यह एहसास हुआ कि मेरे आसपास कुछ प्रेम जैसा है। उसने कई बार आशीष से कहा कि वह मुझसे बात करना चाहती है लेकिन आशीष ने कभी भी यह बात मुझे नहीं बताई। चूँकि वह मुझे रोज दिखती थी तो मैंने भी कई बार आशीष से यह जानना चाहा कि वो लड़की कौन थी। आशीष हर बार यह कहकर बात टाल देता था कि उसकी अपने पड़ोसियों से बातचीत नहीं होती है।

समय बीतने लगा। धीरे-धीरे मुझे भी उसके दीदार की आदत पड़ गई और आशीष के घर जाने की मेरी फ्रिक्वेंसी भी बढ़ने लगी। मैं रोज जाता था और वह रोज इंतजार करती थी। आदतें भी अजीब होती हैं। मुझे उसकी और उसे मेरी आदत पड़ गई थी। मैं उसका इंतजार था और वह मेरी चाहत। वह चमकती थी गुलाब की पंखुड़ियों जैसी और मैं फरफराता था अमलतास के

फूलों जैसा।

मेरे दिल के सादे पन्ने पर उसके नाम की स्याही फैल रही थी। प्रेम के अक्षर उभर रहे थे। उससे कभी बात नहीं हुई। उसे मौका नहीं मिला और मुझमें हिम्मत नहीं थी। लेकिन जब भी नजरें मिलती थीं तो ऐसा लगता था कि मानो पल भर में ही सारी बातें हो जाएँ। यह सिलसिला दो वर्षों तक चला। तब न फेसबुक था और न ही व्हॉट्सएप। चंद लोगों के यहाँ ही लैंडलाइन फोन हुआ करता था। हमारे यहाँ कुछ भी नहीं था। इसलिए बातचीत के सारे रास्ते बंद थे। आशीष को कई बार बोला लेकिन किसी भी तरह की मदद की रिक्वेस्ट को वह हर बार टाल देता था।

लंबे इंतजार ने उसको मुझसे दूर करना शुरू कर दिया। धीरे-धीरे प्रेम में विरह के भाव आने लगे और धीरे-धीरे वह दिखना कम हो गई। आशीष भी बोलने लगा कि रोज मेरे घर मत आया करो। प्रेम धीरे-धीरे अंत में तब्दील हो गया। कहने वाले यह जरूर कहेंगे कि वह प्रेम ही क्या जो पूरा हो जाए। वैसे भी इलाहाबाद में प्रेम सर्द मौसम की धूप की तरह ही खिलता है और धीरे-धीरे अधूरेपन की तरफ बढ़ जाता है। मेरा मानना है कि प्रेम की पूर्णता प्रेम के होने में है न कि उसके अधूरेपन में। उस लड़की को मैं अधूरापन ही दे पाया।

कई बरस बीत चुके हैं, लेकिन उसकी नजरें आज भी मुझे देखती हैं। कई बार तार्किक मन ने समझाया कि वह आकर्षण मात्र था। फिर दिल ने कहा कि अगर सिर्फ आकर्षण ही था तो समय के साथ जीवित क्यों रहा। जो भी हो प्रेम का वह पवित्र रूप जो सिर्फ महूसस किया जा सकता है जिसमें पाने-खोने की शायद कोई जगह ही नहीं होती, मुझे छूकर गुजर गया। कई सालों के बाद आशीष ने वह लेटर्स दिखाए जो उसने मुझे लिखे थे। लेकिन आशीष ने कभी भी मुझे वह लेटर्स नहीं दिए। उस लड़की को मुझसे प्रेम था, लेकिन उसे लगा कि मैं उसको पसंद नहीं करता हूँ और इसीलिए उसके किसी भी लेटर का मैंने कभी कोई जवाब नहीं दिया। क्या आशीष गुनहगार है उस प्रेम के अधूरेपन का या वह आशीष का बचपना था? वास्तव में आशीष उससे स्वयं प्रेम करता था लेकिन वह मुझसे प्रेम करती थी। आशीष कभी नहीं चाहता था कि हमारा प्रेम साकार हो सके। आशीष ने वही किया जो उसे सही लगा। यानि अगर मेरी प्रेमिका मुझे नहीं मिली तो मैं उसे किसी और

की भी नहीं होने दूँगा। इलाहाबादी लड़के ऐसे ही होते हैं। आज आशीष को मैंने माफ कर दिया है। जिंदगी में कुछ कहानियाँ अधूरी ही रह जाती हैं। यह भी मेरे जीवन की एक अधूरी कहानी है। लेकिन हम दोनों का इंतजार कभी खत्म नहीं हुआ...

वैसे इलाहाबाद में प्रेम भी एक इंतजार ही है बहुत से लोगों के लिए।

डी.बी.सी.

कॉलेज लाइफ में प्रवेश करने के बाद आपको घर में बड़ा और जिम्मेदार मान लिया जाता है। साथ ही साथ एक खुला जीवन जीने की आजादी भी मिल जाती है। मुझे भी इस आजादी का एहसास कॉलेज जाने के बाद ही हुआ। घर में बस इतना ही बोलना रहता था कि देर से आऊँगा, एक्स्ट्रा क्लास है। कहने को तो कॉलेज से जल्दी निकल लेता था लेकिन कॉलेज से जल्दी निकलना भी शायद जीवन की एक्स्ट्रा क्लास ही थी। कॉलेज कैंपस में और कैंपस के बाहर आप जो भी सीखते हैं और जो भी देखते हैं वह एक एक्स्ट्रा क्लास ही होती है। स्कूल के सुरक्षित माहौल से दूर एक ऐसी दुनिया जो आपको दुनियादारी सिखाती है, स्मार्ट बनाती है। ऐसी क्लासेज का होना हर इंसान के जीवन में बहुत जरूरी हैं।

कॉलेज के फर्स्ट ईयर में था। आनंद उपाध्याय मेरा खास दोस्त था। आनंद बलिया जिले का रहने वाला था और बाघम्बरी गद्दी के पास अल्लापुर में किराए के मकान में रहता था। नवंबर का महीना था। सर्दियाँ शुरू हो चुकी थीं। एक ऐसी ही सर्द भरी सुबह आनंद ने क्लास के बाद मुझे अपने रूम पर खाना खाने के लिए बुलाया। इलाहाबाद में तैयारी करने वाले लड़के किराए के कमरे को रूम ही बोलते हैं। आनंद ने कहा कि आज डी.बी.सी. का प्रोग्राम रखते हैं। मैं समझ नहीं पाया कि यह डी.बी.सी. क्या होता है। हम दोनों कॉलेज से साइकिल लेकर अल्लापुर की ओर निकल पड़े और साइकिल से अल्लापुर के रास्ते भर मैं यही सोचता रहा कि आखिर डी.बी.सी. क्या होता है!

मैंने पहली बार किसी स्टूडेंट का रूम देखा था। छोटे से कमरे में जीवन जीने के और पढ़ाई करने के सभी साधन मौजूद थे। जिन लोगों ने छात्र जीवन

को घर से दूर रहकर जिया है, वे उस रूम का और रूम के संसाधनों का अंदाजा स्वयं ही लगा सकते हैं। रूम पर पहुँचते ही मैंने देखा कि आनंद ने एक मँझे हुए कुक की तरह फटाफट स्टोव जलाया और एक ही कूकर में दाल-चावल चढ़ा दिया। दाल कुकर में और दाल के बीचोबीच एक छोटे से लोटे में चावल। पंद्रह मिनट में दाल-चावल बनकर तैयार था। फिर अगले पाँच मिनट में बैंगन भर्ता भी तैयार था, जिसे छात्र लोग चोखा कहकर बुलाते हैं। आनंद ने रूम पर मेरा स्वागत करते हुए कहा कि तैयार है डी.बी.सी. यानी दाल-भात-चोखा। थोड़ा और सलीके से बोलें तो- यलो दाल, स्टीम्ड राइस एंड बैंगन भर्ता। पहले निवाले में ही मानो जीवन था, गजब का स्वाद था। मेरी ही उम्र का सत्रह साल का लड़का घर से दूर अकेले रहते हुए खुद खाना बनाकर खाता था, यह मेरे जीवन की पहली एक्स्ट्रा क्लास थी। दो-चार दिन में ही मैं भी डी.बी.सी. बनाने में पारंगत हो चुका था। फिर तो वह दौर बराबर चलता रहा। अलग-अलग दोस्तों के रूम पर भोजन करना भी हम सब के लिए एक फेवरिट टाइमपास था। कभी-कभी एग्जाम टाइम में इन्हीं डेलीगेसी के दोस्तों के रूम पर रहकर पढ़ाई हुआ करती थी। शाम को सब्जी लाना, हर सब्जी वाले से उसका घर पता करना और दोस्ती करना कि धनिया-मिर्ची मुफ्त में ही मिल जाए। कभी-कभी तो एक रुपए सस्ती सब्जी के चक्कर में एक-एक किलोमीटर तक पैदल ही चले जाते थे। चाय की टपरी पर झुंड बनाकर बातें करना। एक रुपए की चाय के बहाने तीन रुपए का न्यूजपेपर वहीं बैठकर पढ़ लेना। सीनियर्स से सभी जरूरी और गैरजरूरी विषयों पर भरपूर ज्ञान लेना। यह भी एक रूटीन हुआ करता था और इन सब का अलग ही आनंद था। अगर किसी दोस्त का कोई रिजल्ट अच्छा आ जाए या फिर कोई सीनियर रूम पर आए तो पनीर की सब्जी बनना कम्पल्सरी था। कुल मिलाकर लगता था कि हमारा ही जमाना है। उन सभी पलों ने मुझे कुछ-न-कुछ सिखाया। जो भी मिला जीवन में कुछ-न-कुछ देकर ही गया। वह बहुत कुछ जो मैं कॉलेज कैंपस की दीवारों के भीतर नहीं सीख पाया, वह सब इन तमाम एक्स्ट्रा क्लासेज ने मुझे अच्छे से सिखा दिया। इलाहाबाद की गलियाँ और इलाहाबाद के लोग मेरे जीवन को प्रभावित करने वाली क्लासेज ही थे।

वह एक माहौल है और उस माहौल से उपजी दंतकथाएँ हैं जो शायद

पटना, इलाहाबाद, कोटा, दिल्ली और न जाने कितने ही शहरों में आज भी निरंतर दोहराई जा रही हैं। जीवन का वह पड़ाव कभी मेरे जीवन में आया था और आज उसे कोई और जी रहा है। महज एक कूकर और लोटे में एक साथ पके हुए डी.बी.सी. में न जाने कितने राजनेता, अधिकारी और क्रांतिकारी पैदा करने की कुव्वत होती थी, शायद ही कोई इसका अनुमान लगा पाए।

आज डी.बी.सी. का स्वाद लिए हुए बरसों बीत चुके हैं लेकिन डी.बी.सी. के वह दौर अभी भी स्मृतियों में तरो-ताजा है। आज भी याद है वो खाना जो उँगलियाँ चाटने को मजबूर कर देता था। उसमें गरमाहट थी दोस्ती की और भाईचारे का मसाला था। आज जबकि जीवन में पंचसितारा होटल भी आ चुके हैं लेकिन डी.बी.सी. जैसा स्वाद मुझे दुबारा कहीं नहीं मिला।

रसूलाबाद

कुछ लम्हे जीवन में ऐसे भी आते हैं जिनकी छाप जिंदगी भर कभी नहीं जा पाती है। ऐसे लम्हों से जुड़े स्थान भी यादगार बन जाते हैं। फिर वह स्थान आपको उसी घटना से याद रहता है। ऐसा ही एक स्थान है इलाहाबाद में, नाम है रसूलाबाद। कुछ लोगों के लिए रसूलाबाद महज एक मोहल्ला है। कुछ लोगों के लिए रसूलाबाद अपना घर है। कुछ लोगों के लिए रसूलाबाद गंगा स्नान का एक घाट है। मेरे लिए रसूलाबाद एक संस्मरण है। मेरे लिए रसूलाबाद कुछ खोने का एहसास है। मेरे लिए रसूलाबाद परलोक का मार्ग है। मोक्षदायिनी गंगा का किनारा, शीतल बहती हवा है। लहरों पर एक नाव और उस पार जाने की यात्रा है।

बारह साल की उम्र रही होगी जब मैं पहली बार रसूलाबाद गया था या शायद पहली बार रसूलाबाद के बारे में सुना था। अक्टूबर का महीना था और प्रतापगढ़ से फोन आया कि दादी माँ नहीं रहीं और सब उनको लेकर रसूलाबाद आ रहे हैं। घर पर दुखों का पहाड़ टूट पड़ा और माता-पिता हम भाईयों को लेकर रसूलाबाद की ओर निकल पड़े। हम रसूलाबाद पहुँचे और दादी के अंतिम दर्शन के पश्चात उनकी अंत्येष्टि कर दी गई।

पहली बार मैंने अपने जीवन में किसी अपने का निर्जीव शरीर देखा था। शायद पहली बार मैंने ऐसे दुख का सामना किया था और पहली बार लगातार आँसू निकल रहे थे। शायद पहली बार कुछ खोने का एहसास हुआ था और कुछ छूट रहा था हाथों से पहली बार। और जो पहली बार होता है वो कभी नहीं भूलता है। जो पहली बार होता है, वो अमिट होता है। दादी माँ जल रही थीं और सामने खड़ा मैं भी जल रहा था उनकी शोक में। बारह साल के एक लड़के के लिए मृत्यु और अंत्येष्टि बड़े गंभीर शब्द थे।

आज भी जलती हुई चिता के साथ मुझे केवल दो बातें याद हैं। गंगा का किनारा और रसूलाबाद घाट से दिखता फाफामऊ का पुल। शाम का समय था। गंगा के पुल की लाइटें जल चुकी थीं। वाहन आ-जा रहे थे। लोग पुल पार करते हुए अपने-अपने घरों की तरफ जा रहे थे। मेरी आँखों में आँसू थे और उन्हीं आँसुओं के बीच से मैं सब कुछ देख रहा था। वो दृश्य मेरे दिल और दिमाग की गहराई में बस चुके हैं। शायद दादी माँ भी उस जलती चिता के साथ जीवन का पुल पार कर रही थीं। शायद रसूलाबाद घाट पर मद्धिम गति से बहती गंगा ही दादी माँ के जीवन को अर्थपूर्ण बना रही थीं।

रसूलाबाद दस्तखत है मेरी दादी के होने का। रसूलाबाद गवाह है मेरे सब कुछ खोने का। गंगा जी आज भी वहाँ वैसे ही बह रही हैं। जाने कितने ही लोगों को अपनाया है रसूलाबाद घाट ने। कितने ही लोगों की परलोक यात्रा की गवाह हैं रसूलाबाद घाट से बहती हुई गंगा मइया। मानो दूर दिखता फाफामऊ का पुल ही हमें पार लगाता है। कहते हैं मोक्ष तो काशी में ही मिलता है। पर मैं कहता हूँ कि इलाहाबाद का काशी तो रसूलाबाद ही है। इलाहाबाद का मणिकर्णिका तो रसूलाबाद ही है।

शायद रसूलाबाद ही इलाहाबादियों के लिए मोक्ष का रास्ता है। आज भी जब फाफामऊ के पुल से गुजरता हूँ, दिख जाता है रसूलाबाद। दिख जाती है दादी की जलती हुई चिता और दिख जाता है रोता हुआ बारह साल का लड़का। कुछ यादें लाल स्याही से लिखो या नीली से, मगर वो हमेशा हरी ही रहती हैं। रसूलाबाद मेरे लिए वैसी ही एक याद है।

इलाहाबाद और सिनेमा

स्कूल की दहलीज लाँघने के बाद और कॉलेज कैंपस में कदम रखते ही मेरे जीवन में जो सबसे बड़ा परिवर्तन आया, वह था बिंदास फिल्में देखने की आजादी। इसको आजादी कहने की एक विशेष वजह है।

स्कूल में पढ़ते समय आप हमेशा एक दायरे में रहते हैं या फिर यह बोला जाए कि एक दायरा बना दिया जाता है और उस दायरे को समय-समय पर परिवार और टीचरों द्वारा जायज भी ठहराया जाता है। कहाँ जाना है, कब जाना है, क्या करना है, कैसे करना है, क्या बनना है और क्या नहीं बनना है आदि।

क्या नहीं करना है उसमें सबसे पहला नंबर आता था फिल्मों का। फिल्में देखना मेरे समय में बहुत अच्छा नहीं माना जाता था। खासकर तब जब आप मध्यम वर्ग से ताल्लुक रखते हों। अगर आपने फिल्म की बात की तो तमाम तरह की बातें सुनने को मिलती थीं। फलाने का लड़का बहुत पिक्चर देखता है। तुम उस समय पिक्चर हॉल के सामने क्या कर रहे थे। आजकल के लड़कों को बस सिनेमा देखना है, पढ़ाई-लिखाई से कोई मतलब नहीं। कुल मिलाकर फिल्में देखना एक बुरी आदत का प्रतीक था। यहाँ तक कि फिल्म देखने का खयाल आना भी किसी अपराध से कम नहीं था।

खैर, जब तक स्कूल की चारदीवारी में रहे, पिक्चर हॉल से दूर ही रहे। जैसे ही कॉलेज में एंट्री हुई, मानो पिक्चर हॉल खुद ही चलकर मेरे कॉलेज पहुँच गया हो। फिर तो मानो एक सिलसिला-सा बन गया हो फिल्में देखने का, फिल्में और बेहिसाब फिल्में।

इलाहाबाद में उन दिनों बहुत सिनेमा घर होते थे और हर तरह के। तब मल्टीप्लेक्स नहीं होते थे। बस सिंगल स्क्रीन टॉकीज और दिन के चार शो।

कुछ सस्ते कुछ महँगे। कुछ अच्छे और शायद कुछ घटिया। लेकिन हमें सबसे सुलभ थे गौतम, संगीत, दर्पण, पायल और झंकार। ये सभी यूइंग कॉलेज के पास ही थे। सबसे आगे वाली सीट और सिर्फ पाँच रुपए में खूब फिल्में देखी हैं इन पाँचों टॉकीजों में। जब मन किया कॉलेज से निकलकर टॉकीज में चले जाते थे। इस तरह लगातार फिल्मों के दौर चलते रहे। पायल टॉकीज के सामने एक छोले-चावल की दुकान हुआ करती थी। महज दो रुपए में इतना स्वादिष्ट छोला-चावल मुझे जिंदगी में दोबारा खाने को नहीं मिला। मजेदार फिल्मों और स्वादिष्ट छोले चावल का तड़का जीवन में आनंद का सदाबहार प्रवाह था।

यूनिवर्सिटी पहुँचने पर एक और टॉकीज जीवन में आया- लक्ष्मी टॉकीज। लक्ष्मी टॉकीज जरूर किसी समाजवादी का रहा होगा। कोई भी पिक्चर हो एक ही दाम, पहली सीट से लेकर आखिरी सीट तक सब एक जैसी। कहीं भी बैठ जाइए और टिकट चेकिंग वाला केवल दूर से ही टार्च मारकर टिकट चेक कर लेता था। स्टूडेंट्स की जेब का खयाल रखने वाला ब्रेड मक्खन लक्ष्मी टॉकीज की शान था। इलाहाबादी जीवन में पिज्जा-बर्गर आने के पहले मक्खन ब्रेड ही फिल्म इंटरवल के दौरान सबसे राजशाही वाला खाने का आइटम हुआ करता था।

वो फिल्में, वो समय, वो उम्र, सब कुछ रोमाँच जैसा। हकीकत से कहीं दूर जाने की इच्छा। ख्वाबों में रहना और ख्वाबों में जीना। फिल्मों ने हमेशा ही उन ख्वाबों में भी रोमाँच को बढ़ाया है। बहुत फिल्में देखी जीवन के उन पाँच सालों में। कुछ अच्छी फिल्में, कुछ खराब फिल्में। कुछ देखने लायक फिल्में और कुछ न देखने लायक फिल्में। बहुत कुछ सीखा जो सीखना चाहिए था। वह भी सीखा जो नहीं सीखना चाहिए था। वह दौर बेहतरीन था। वे साथी लाजवाब थे और वे फिल्में लजवाब थीं।

आज जब पलटकर वापस देखता हूँ उन सिनेमाघरों की तरफ तो लगता है कि किसी विद्यालय से कम नहीं हैं वो। बहुत कुछ सिखाया उन फिल्मों ने जो शायद किताबों में नहीं सीख पाता। शाहंशाह आज भी रात के अँधेरे में जुल्म का खात्मा करते दिख जाता है। दिलवाले दुल्हनिया ले जाएँगे का राज हो या शूल का समर प्रताप सिंह, सब थोड़ा-थोड़ा सा बसे हैं मुझमें। कहीं

भीतर है मोहब्बतें का नारायण शंकर जो अभी भी प्रभावित करता है। हासिल का गौरीशंकर और रणविजय सिंह अभी भी जीवंत हैं। सारे किरदार कुछ-न-कुछ सीख देकर ही गए।

मुझे लगता है कि सिनेमा देखना चाहिए और खूब देखना चाहिए। सोशल लर्निंग का इससे बेहतर माध्यम कोई नहीं हो सकता। मेरे जीवन के फलसफे में फिल्में बेशुमार हैं क्योंकि मेरे लिए फिल्में देखना आजादी का एक प्रतीक है।

ठाकुर की चाय

ठाकुर की दुकान सिविल लाइंस में लोटस अपार्टमेंट के ठीक सामने एजी ऑफिस की तरफ जाने वाली सड़क पर स्थित थी। ठाकुर का नाम ठाकुर क्यों पड़ा, यह हमने कभी भी जानने की कोशिश नहीं की। वैसे भी हमें कुछ ही महीनों में पता चल गया था कि वह कम-से-कम जाति से ठाकुर नहीं था। चूँकि जब हम पहली बार उस दुकान पर चाय पीने बैठे थे, तो किसी ने उसे ठाकुर कहकर पुकारा था। वह दिन था और आज का दिन है वह चार फुट का दुबला-पतला इंसान हमारे लिए अब जिंदगी भर ठाकुर ही रहेगा। शायद दस बरस बीत चुके हैं लेकिन ठाकुर की दुकान पर गुजारा हुआ समय मानो बस दस मिनट पहले ही गुजरा हो।

इन दस बरसों में हम बोले तो हम तीन दोस्त थे- छवि किशोर, जिन्हें हम पत्रकार के नाम से जानते हैं, गिरीश चंद्र तिवारी, जो आजकल इलाहाबाद उच्च न्यायालय में वकालत करते हैं और मैं। हमने कॉलेज साथ में ही किया था और हमें लगा कि हम में कुछ है जो हमें एक-दूसरे के साथ रहने में खुशी देता था। शायद इसीलिए हम आज भी साथ ही हैं। वह कुछ क्या था, हम आज भी ढूँढ़ रहे हैं। वैसे आपस में तू-तू, मैं-मैं आज भी कभी-कभार हो जाती है। और इन सबका सबसे खास जानकार ठाकुर ही था। हो भी क्यों न, ठाकुर की चाय की दुकान पर ही हम खुलकर बात करते थे। घंटों ठहाके लगाए जाते थे। चाय और बन-मक्खन के न जाने कितने ही दौर वहाँ चलते थे। ठाकुर सब सुनता था और ठाकुर खूब मुस्कुराता था। इसी सिलसिले के चलते पता ही नहीं चला कि कब ठाकुर भी हमारी तिकड़ी का हिस्सा बन गया। वो हमारे समस्त सुख-दुख की हर खबर से वाकिफ रहता था। इलाहाबाद में ऐसी बहुत-सी चाय की दुकानें हैं, जिनसे वहाँ रहने वाले

स्टूडेंट्स का रिश्ता जीवनभर का बन जाता है। वह चायवाले कभी भूले नहीं जाते क्योंकि वह संबंध सिर्फ चाय तक ही सीमित नहीं रह जाता है। कहीं-न-कहीं एक दोस्ती का पुट भी उसमें आ जाता है। हमारे लिए ठाकुर भी वैसा ही एक चायवाला है।

जो सुख एक प्रेमी-प्रेमिका को कंपनी गार्डन के सन्नाटे में मिलता है, जो सुख किसी कवि हृदय को संगम की खामोशी में मिलता है, वही सुख हमें ठाकुर की दुकान पर मिलता था। ठाकुर की दुकान पर हुई चर्चाओं के वो दौर जीवन में दोबारा कभी नहीं आए। हर वो विषय जो आप सोच सकते हैं, उस पर गहन विचार मंथन वहाँ होता था। पंचायत से लेकर पार्लियामेंट तक की विवेचना। प्रेम के पहले स्पर्श से लेकर कामदेव तक की जरूरत। आईएएस से लेकर बिजनेसमैन बनने तक का सपना। बच्चन से लेकर काशीनाथ सिंह तक का साहित्यिक विकास। कोई भी मुद्दा ठाकुर की दुकान पर हुई बैठकों से बच नहीं पाया था। बाकी के मित्रों के हिसाब से वह जगह खाँटी इलाहाबादी बकैती का अड्डा था। पर हम तीनों के लिए वह जगह एक धार्मिक स्थल था जहाँ हम खुलकर जीते थे। जहाँ की बातें किसी भी पूजा-पाठ से कम पवित्र नहीं थीं। एक-दूसरे का साथ ही हमारे लिए जीवन का पर्याय था। और हम यही सोचते थे कि बस यह पल यहीं रुक जाए। जीवन ऐसे ही चलता रहे और खुशियों के वो दौर वैसे ही बरकरार रहें। ठाकुर की दुकान एक रंगमंच थी जहाँ हम तीनों यार जीवन के आने वाले दिनों में रंग भरते थे। भविष्य कैसा होगा, किरदार कैसा होगा हमारा, ऊपर वाले ने हमारे जीवन के लिए क्या निर्देशित किया है, सब का हिसाब ठाकुर की दुकान पर ही होता था। हमने वहाँ पर वर्षों बिताए। सर्दियों की तमाम सुब्हें, बरसात की भीगी दोपहरी और गर्मियों की बेतरतीब शामें।

छवि किशोर का सपना एक बेहतरीन पत्रकार बनने का था। कलम से कुछ ऐसे फलसफे लिखने का जिसे पढ़कर साहिर और अमृता जैसे पात्रों की दुनिया में भरमार हो जाए। प्रेम रस से ओत-प्रोत था छवि किशोर और बातें भी ज्यादा दिल से ही किया करता था। उसने एक अच्छे जीवन की परिकल्पना की थी जहाँ कुछ भौतिक जीवन की आवश्यकताएँ बिना कमी के पूरी हो जाएँ और जीवन की यात्रा प्रेमपूर्वक चलती रहे। चाहने वालों के खत आएँ

कि आपकी फलाँ कविता बहुत अच्छी थी और चाय की चुस्की के साथ छवि उन खतों के जवाब देता जाए। कुल मिलाकर भावुक था अपना छवि किशोर। भावनाओं की अनदेखी किए बिना जीवन में संघर्ष किया। दिल में कोई छल नहीं। व्यवहार में कोई कपट नहीं। इसीलिए शायद दुनिया उसके हिसाब से कभी नहीं चली। जीवन के स्वप्न सरीखे सपने आज भी सपने ही हैं। जीवन में सुनहरा कुछ भी नहीं है।

छवि किशोर बनारस में अमर उजाला हिंदी दैनिक में उपसंपादक हैं। सहमति से हुई शादी और एक प्यारा-सा बेटा। बनारस की गलियों में खबरें बटोरते जब भी छवि का फोन आता है तो पहला खयाल यही आता है कि छवि किशोर तब ज्यादा खुश था जब वह सपने देखता था। या कि अब जब वह उन सपनों को पूरा करने में लगा है। नया सपना है कि बच्चे को अच्छी परवरिश दे सके। उसके पुराने स्वप्न कहीं दुनियादारी में लुप्त हो गए।

गिरीश तिवारी, यानी कि तिवारी बाबू। हम तीनों में सबसे ज्यादा गप्प मारते थे। जब हम ठाकुर के यहाँ सैकड़ों में हिसाब करते थे तब ये गुरु राजा मांडा की कोठी खरीदने की बात करते थे। मैं और छवि किशोर अक्सर यह फुसफुसाते थे कि साला तिवारी बहुत बड़ा गप्पबाज है। लेकिन गप्प मारना भी एक कला है जिसमें तिवारी बराबर निपुण था। यह जानते हुए भी कि तिवारी गप्प मार रहा है, मैं और मिश्रा ध्यान से उसकी बातों को सुनते थे और अपनी राय भी देते थे। तीनों को बाँधे रखने में तिवारी की बातों का विशेष योगदान होता था। यथार्थ से परे उसकी बातों पर न केवल हम उसका साथ देते थे बल्कि दिल-ही-दिल यह प्रार्थना भी करते थे कि भगवान करे तिवारी की सब बातें सच हो जाएँ और दुनिया की तमाम कोठियाँ वो सच में खरीद सके। तिवारी वाकई यारों का यार था। वह हमेशा केवल एक फोन कॉल ही दूर था और शायद आज भी उतना ही दूर है।

इलाहाबाद उच्च न्यायालय में एक संघर्षशील युवा अधिवक्ता अपना तिवारी आज भी मेरे इलाहाबाद पहुँचने पर मुझे रिसीव करने सबसे पहले स्टेशन आता है और वहाँ से सबसे पहले हम ठाकुर की दुकान ही पहुँचते हैं। ठाकुर की दुकान पर पहुँचते ही चाय की पहली चुस्की के साथ याद आ जाते हैं वे बीते हुए दस साल, और फिर ठहर जाती है वहीं पर वह शाम।

इलाहाबाद और सिविल सर्विस

इलाहाबाद शहर अंग्रेजों के जमाने से ही सिविल सर्विसेज का गढ़ रहा है। जो भी यहाँ पढ़ने के लिए आता है, वह कैसे-न-कैसे सिविल सर्विसेज के चक्कर में पड़ ही जाता है। मुझे इस इतिहास के पीछे तीन वजहें नजर आती हैं। पहली यह कि अंग्रेजी हुकूमत के समय से ही शुरुआती दिनों में सिविल सर्विसेज का परीक्षा केंद्र इलाहाबाद ही हुआ करता था। दूसरी यह कि इलाहाबाद अवध प्रांत की राजधानी रहा है और अठारहवीं सदी में सबसे ज्यादा अंग्रेजों का जमावड़ा इसी इलाके में होता था। गौरतलब है कि सिविल सर्विसेज पास करने के बाद हिंदुस्तान में काम करने वाले अंग्रेजों को तत्कालीन ब्रिटेन में खूब इज्जत मिलती थी। अंग्रेजों की शान-शौकत देखकर यह बात धीरे-धीरे यहाँ के लोगों में भी घर कर गई। तीसरी वजह इलाहाबाद विश्वविद्यालय है जो उत्तर भारत में स्थापित होने वाला पहला विश्वविद्यालय था। जब सबसे पहले यहाँ के लोग उच्च शिक्षा में गए तो यहीं के लोगों को सिविल सर्विसेज की जानकारी भी सबसे पहले हुई।

हो सकता है कि मेरी थ्योरी गलत भी हो, पर यही कुछ बातें हैं जो मुझे समझ में आती हैं। खैर वजह कुछ भी हो, सिविल सर्विसेज यहाँ की फिजा में बसती है। आस-पास के छोटे-छोटे शहरों से हर साल सिविल सर्विसेज का सपना लिए लाखों बच्चे यहाँ आते रहते हैं। बुंदेलखंड, भोजपुर, अवध, बघेलखंड, मिथिला, दंडकारण्य, तराई हर क्षेत्र के संघर्षशील युवाओं की कर्मभूमि। सच कहो तो इलाहाबाद सिविल सर्विसेज की फैक्ट्री है जहाँ मिट्टी के टुकड़ों को हीरे में परिवर्तित किया जाता है। जो सेलेक्शन पाते हैं वे मिसाल बनकर उभरते हैं और यही कुछ लोग और लाखों की प्रेरणा बनते हैं। जो किसी कारणवश सफल नहीं हो पाते हैं, वे औरों के सपनों को सच करने

में शिक्षक बनकर मदद करते हैं। अंत में सबसे मेन बात यह है कि सरकारी नौकरी का क्रेज इस देश में हमेशा बना रहेगा और उसमें भी सबसे ऊपर सिविल सर्विसेज का क्रेज होगा। इलाहाबाद हमेशा इस क्रेज का सेंटर रहेगा। इसी इलाहाबाद से मेरे सिविल सर्विस का सफर भी शुरू हुआ।

आपन सोचा कबहुँ ना होय,
हरि सोचा तत्काल।

(जो हम सोचते हैं वह कभी नहीं होता है, जो भगवान सोचते हैं वह तत्काल हो जाता है।)

शायद ऊपर वाले की भी यही मर्जी थी कि मैं भी कैसे-न-कैसे सिविल सर्विसेज के मायाजाल में फँस जाऊँ। इसीलिए कुछ चक्र ऐसा घूमता गया कि मैं इलाहाबाद के पास पहुँचता गया। मेरा जन्म इलाहाबाद के पास प्रतापगढ़ में हुआ जहाँ पर हर बच्चे का सपना होता है कि वह इलाहाबाद जाकर पढ़ाई करे। यह सपना मेरे पिताजी ने भी देखा और वह इसमें सफल भी रहे। वह इलाहाबाद पढ़ने भी आए और एक स्कूल में अच्छी-सी नौकरी पाकर यहीं सेटल हो गए। उसके बाद मेरी मम्मी केंद्रीय विद्यालय में टीचर हो गईं और उनकी पोस्टिंग भी इलाहाबाद में हो गई। मेरा जन्म भले ही प्रतापगढ़ में हुआ लेकिन सही मायने में मैंने इलाहाबाद में आँख खोली। इलाहाबाद में बचपन से ही घर में पढ़ाई का माहौल रहा और साथ में एक सामाजिक दबाव भी रहा कि इलाहाबाद में रहकर पढ़ाई करने वाला व्यक्ति अगर मेहनत करे तो बड़ा आदमी बन ही जाता है। जब भी प्रतापगढ़ जाना होता तो लोग बोलते थे कि तुम तो इलाहाबाद में पढ़ाई कर रहे हो ना? वैसे भी अगर आप मिडिल क्लास फैमिली से होते हैं तो हमेशा आप पर समाज में ऊपर की तरफ बढ़ने का दबाव बना ही रहता है।

स्कूल में पढ़ते समय पता ही नहीं चला कि कब सिविल सर्विसेज में जाने की बातें मेरे दिल-दिमाग में घर कर गईं। हर साल जब भी आईएएस और पीसीएस का परिणाम आता था तो अखबार के पहले पेज पर छपने वाले तमाम सफल लोगों की कहानी घर और आसपास में चर्चा का विषय हुआ करती थी। एक ही बात निकलकर आती थी कि जो यह एग्जाम पास कर

ले वही सही मायने में बड़ा और सफल आदमी है। साल बीतते गए और हर बीतते साल की तरह सैकड़ों सफल लोगों की फोटो अखबार के साथ-साथ मेरे दिल-दिमाग में भी छपती गईं।

स्कूल के दिनों में सिविल सर्विसेज में जाना एक सपने जैसा था। कॉलेज आते-आते यह एक निश्चय में बदलने लगा। संयोग भी कुछ ऐसा हुआ कि मैंने यूइंग क्रिश्चियन कॉलेज ज्वॉइन किया जहाँ से हर साल कई सफल लोगों को करीब से देखने का मौका मिला। जो एग्जाम मेरे लिए पहले गाड़ी और बंगले मिलने का प्रतीक था, वह धीरे-धीरे मेरे लिए सामाजिक प्रतिष्ठा और मान-सम्मान का प्रतीक बन गया था। मुझे यह एहसास हुआ कि यह एग्जाम भौतिक संसाधनों को पाने से बढ़कर है। यह एक सामाजिक जिम्मेदारी है जिससे आप समाज के लिए और देश के लिए कुछ कर सकते हैं। कॉलेज पास करते करते हुए इस एग्जाम ने मेरे भीतर एक जिद्द का रूप ले लिया था।

यूइंग क्रिश्चियन कॉलेज से बी.ए. और इलाहाबाद विश्वविद्यालय से एम.ए. करने के बाद मैंने सिविल सर्विसेज की तैयारी शुरू की। कोचिंग का सहारा भी लिया। कभी कोई अच्छा शिक्षक मिला तो कभी किसी ने मूर्ख भी बनाया। इलाहाबाद और फिर दिल्ली जाकर तमाम कोचिंग संस्थान ज्वॉइन करने के बाद यह एहसास हुआ कि पढ़ाई तो खुद ही करना है। इस एग्जाम को पास करने के लिए कोई बड़ी कोचिंग नहीं चाहिए, बल्कि एक गुरु चाहिए। एक ऐसा गुरु जो आपको ज्यादा यह बता सके कि इस एग्जाम में क्या नहीं पढ़ना है और वह कौन-सी गलतियाँ हैं, जिनसे आपको बचकर चलना है। मैं किस्मत वाला था कि मुझे एक ऐसे गुरु मिले जिन्होंने मुझे इस कठिन परीक्षा को पास करने में बहुत मदद की। बार-बार डाँट लगाई, बार-बार पढ़ाया और मुझ जैसे पत्थर को एक़ आकार दिया। कभी-कभी मुझे लगता है कि अगर मुझे लियाकत अली अंसारी सर नहीं मिलते तो शायद मैं यह एग्जाम कभी पास नहीं कर पाता। क्रिसेंट अकादमी, बेरसराय, नई दिल्ली में वह अभी भी मुझ जैसे लोगों को गाइड कर रहे हैं। उनका उपकार है मुझ पर कि उन्होंने मुझे काबिल बनाया और उनकी फीस भी यही है कि मैं जीवन में कुछ बन पाया। जब भी उनसे मिलता हूँ तो उनकी आँखों की चमक उनका सारा फख्र बयाँ कर देती है।

अंजनी कुमार पांडेय/ 54

अंत में एक बात और, सभी संघर्षरत लोगों के लिए

जेहि के जेहि पर सत्य सनेहू।

सो तेहि मिलेहि न कछु संदेहू।।

(आप किसी व्यक्ति अथवा वस्तु को पूरे दिल से चाहते हैं तो वह व्यक्ति अथवा वस्तु आपको प्राप्त होकर ही रहती है। शर्त एक ही है कि आपकी आकांक्षा प्रबल, शाश्वत और निर्दोष होनी चाहिए।)

शायद यही वजह है मेरे सफल होने की। माता-पिता की प्रार्थना, गुरु का सहयोग, मित्रों की शुभेच्छा, भाइयों का प्यार और खुद की थोड़ी-सी मेहनत। सबके सहयोग से ही काम अच्छे बनते हैं। मेरी किस्मत यही थी कि मुझे सब कुछ मिलता गया जो इस एग्जाम को पास करने के लिए चाहिए। सच है सारी कायनात ही मुझे सिविल सर्विस एग्जाम पास कराना चाहती थी और इसीलिए चीजें अपने आप अनुकूल होती चली गईं।

सबने मिलकर मुझे यहाँ तक पहुँचाया है ।

शहर दिल्ली

दिल्ली शहर के बारे में कितना कुछ कहा गया है। कितना कुछ लिखा गया है। कितने राजाओं ने यहाँ राज किया और कितनों ने राज करने का सपना देखा। चाहे इसका इतिहास रहा हो या इसका राजनीतिक महत्त्व, दिल्ली ने हमेशा ही लोगों के दिलों पर राज किया है। आजादी के बाद से ही दिल्ली देश का पावर सेंटर रहा है। पावर सेंटर होने के साथ-साथ पिछले पंद्रह-बीस सालों में राजकाज के अलावा दिल्ली एक बेहतरीन अकादमिक सेंटर के रूप में भी उभरकर सामने आया है। इसी वजह से बड़ी संख्या में एक अच्छे भविष्य की तलाश में देशभर से स्टूडेंट्स दिल्ली का रुख करते हैं। एक दिन मैं भी इसी उम्मीद से दिल्ली आया था।

दिल्ली के बारे में कितना भी लिखा जाए, वह कम ही होगा। अपने छोटे से अनुभव के चलते आज मैं आपको एक स्टूडेंट की निगाह से दिल्ली दिखाऊँगा। यहाँ पढ़ने कि लिए पूरे देश से स्टूडेंट्स आते हैं। कुछ बनने के लिए, कुछ सपने लिए और कुछ ख्वाहिशें लिए। लगता है कि लोग जब यहाँ आते हैं तो खाली हाथ आते हैं लेकिन हकीकत में वो जब यहाँ आते हैं तो साथ में ले आते हैं अपने अधूरे सपने, माँ-बाप की उम्मीदों का बोझ और एक अनजाना-सा भय, असफल होने का। इसीलिए यहाँ खाली हाथ आना बहुत आसान है लेकिन यहाँ से खाली हाथ जाना बहुत ही मुश्किल है।

दिल्ली पहुँचने पर एक स्टूडेंट की सबसे पहली कोशिश होती है कि रहने खाने और पढ़ने का सस्ता और टिकाऊ जुगाड़ हो जाए। रहना, खाना और पढ़ना, वैसे भी स्टूडेंट्स की लाइफ में यही तीन काम होते हैं। दिल्ली की सबसे खास बात यह है कि दिल्ली में हर क्लास के स्टूडेंट्स के लिए हर सुविधा मौजूद है। अपनी जेब के हिसाब से आप सेलेक्ट कर सकते हैं।

दिल्ली शहर में एक स्टूडेंट के बनने और बिगड़ने के तमाम साधन मौजूद हैं। मर्जी आपकी है, आखिर कैरियर आपका है। चूँकि मैं सिविल सर्विसेज के लिए यहाँ आया था तो मुझे ज्यादा आइडिया सिविल सर्विस का ही है। लेकिन कुछ दिनों के बाद यह पता चल गया कि कहाँ क्या मिलता है और कहाँ क्यों जाना चाहिए।

आई आई टी या मेडिकल करना है तो कालू सराय जाइए।

नाटक खेलना है तो मंडी हाउस जाइए।

एमबीए करना है तो साउथ दिल्ली है।

सीए करना है तो लक्ष्मी नगर जाइए।

आईएएस बनना है तो मुखर्जी नगर जाइए। आईएएस में भी दो जगहें शानदार हैं। यूपी बिहार के लोग मुखर्जी नगर में भरे पड़े हैं जबकि दक्षिण भारतीय अन्ना लोग राजिंदर नगर में रहना पसंद करते हैं।

खाने की किफायत का मत पूछिए। लगता था यहाँ के दुकानदारों का हम जैसे स्टूडेंट्स से जन्मों का नाता हो। चाहे कमला नगर का चच्चू छोले हो या हिंदू कॉलेज के पास वाली अंकल टॉम्स की मैगी। मूलचंद के पराँठे हों, जेएनयू का गंगा ढाबा हो या फिर मुखर्जी नगर बत्रा सिनेमा की कटिंग चाय। यह लैंडमार्क्स बहुत खयाल रखते थे हम स्टूडेंट्स का और हमारी जेब का। पैसे कितने भी कम हों जेब में, गुजर-बसर हो ही जाती है।

जवान हैं तो दिल भी बहकेगा और सबसे ज्यादा तब, जब आप आईएएस बनने आए हों। तो प्यार-मोहब्बत के लिए लोदी गार्डन, सेंट्रल पार्क और पुराना किला हमेशा खुले रहते हैं। क्रांतिकारी स्टूडेंट्स के लिए ही ड्रग्स भी है, दारू भी है और रशियन भी हैं। कुछ लग जाते हैं अपनी मंजिल को पाने में और कुछ खो जाते हैं दिल्ली की चकाचौंध में। लेकिन किसी भी बात के लिए दिल्ली को जिम्मेदार ठहराना बेमानी है। मैंने एक बात जरूर देखी है कि जिस भी स्टूडेंट ने दिल की गहराई से इस शहर में आने पर अपने लक्ष्य की ओर मेहनत की है, दिल्ली ने कभी उसे निराश नहीं किया है।

मैं भी दिल्ली आया था एक दिन एक सपना लिए कि सिविल सर्विसेज में जाना है। और आज जब सफल होने के बाद मैं पीछे मुड़कर देखता हूँ तो लगता है कि दिल्ली मेरे लिए भाग्यशाली रही है। दिल्ली आना मेरे जीवन

का सबसे बड़ा मील का पत्थर साबित हुआ। दिल्ली में मेरा पुनर्जन्म हुआ। मिडिल क्लास के साधारण लड़के के लिए यूपीएससी पास करना एक पुनर्जन्म ही था।

अब जब भी कभी दिल्ली आता हूँ तो हवाई जहाज के लैंड होने से लेकर दिल्ली छोड़ने तक दिल्ली के खुमार में ही रहता हूँ। जब तय की गई सड़कों पर दोबारा जाना होता है तो इस जीवन के लिए मन-ही-मन भगवान को धन्यवाद देता हूँ। आज जब भी किसी स्टूडेंट को देखता हूँ तो केवल दुआ निकलती है उसके लिए। भगवान कैसे भी हो पर मेरी दिल्ली इसका भविष्य बनाने में मदद जरूर करेगी। मैं कभी नहीं चाहता कि कोई भी सच्चा स्टूडेंट दिल्ली से खाली हाथ घर लौटे।

सलाम दिल्ली को!

दो लड़ाइयाँ

दिल्ली पहुँचने के बाद मुझे दो लड़ाइयाँ लड़नी पड़ीं। पहली लड़ाई बाहरी ताकतों के साथ थी। यह सभी वह बाहरी ताकतें थीं जिन्होंने मुझे दिल्ली पहुँचने से लेकर दिल्ली छोड़ने तक रोज परेशान किया या परेशान करने की कोशिश की। बाहरी ताकतों में सबसे पहला नंबर कमरा दिलाने वाले दलाल का आता है। वह अपने को ब्रोकर बोलता था और हकीकत में सबसे पहले मुझे उसने ही ब्रेक किया। पहले ही दिन ब्रोकर मुझसे एक महीने का किराया दलाली के रूप में लेकर चला गया। फिर उसी शाम को दूसरी बाहरी ताकत के रूप में मकान मालिक का सामना हुआ। मकान मालिक ने एक महीने का किराया सिक्योरिटी डिपॉजिट के रूप में जमा करवा लिया। उसके बाद मकान मालिक ने एक महीने का किराया एडवांस में अलग से ले लिया। तीन महीने का किराया एक दिन में ही चला गया। पिताजी से पाँच महीने का खर्चा लेकर आया था और तीन महीने का पैसा पहले दिन ही खर्चा हो गया। दो दिन के बाद पता चला कि कमरा दिलाने वाला दलाल मकान मालिक का ही बेटा था। अपने ही घर को किराए पर उठाने के लिए एक महीने का किराया मुझसे दलाली के रूप में ले गया और उसके बाद रोज शाम को पूछता था कि भाई कोई परेशानी तो नहीं है ना? उसे देखकर पहली बार महसूस हुआ कि कमीना शब्द क्यों इतना जीवंत है और शायद ऐसे ही किसी शख्स को देखकर ही इस शब्द की खोज हुई होगी।

मकान मालिक अपने ब्रोकर बेटे से भी सौ हाथ आगे था। उसके जीवन का एक ही उद्देश्य था कि कैसे महीने के किराए के अलावा किराएदारों से कुछ और वसूली की जाए।

इसके बाद मुझे एक और बाहरी ताकत से जूझना पड़ा और यह थी

मेरी टिफिन वाली आंटी। मुझे रोज खाने का टिफिन भेजने का पुण्य वाला काम यही करती थी। वैसे उसे आंटी कहने का भी मन नहीं करता था लेकिन इलाहाबादी संस्कार मुझे रोक लेता था। अगर कभी हिंदी साहित्य में खाने का पर्यायवाची जहर रखा गया तो इन आंटी की टिफिन सर्विस का खाना नि:संदेह सबसे पहले पर्यायवाची के रूप में स्वीकार किया जाएगा। खुद के घर के बाहर जब पहले दिन इनके हाथ का खाना खाया तो ऐसा खयाल आया कि अभी वापस इलाहाबाद चला जाऊँ और मम्मी के हाथ का बना खाना खाया जाए। कमबख्त खाने के नाम पर कुछ भी भेज देती थी। पनीर की सब्जी में पनीर नहीं होती थी और दाल में दाल नहीं होती थी। बस कोचिंग से लौटने पर इतना सुकून रहता था कि खाना नहीं बनाना पड़ता था। सच है कि घर के खाने में प्यार होता है और बाजार के खाने में व्यापार। इसी तरह हर कदम पर लूटते-खसोटते लोगों से बचना भी था और कम-से-कम पैसे में छात्र जीवन गुजारा भी करना था। यह एक बड़ी लड़ाई थी। और अंत में इन सभी तकलीफों से विचलित हुए बिना पढ़ाई भी करनी होती थी।

एक दो महीने में ही मुझे सभी बाहरी ताकतों से लड़ाई करना आ गया था। जरूरत पड़ने पर तू-तड़ाक भी कर लेता था। यह एहसास हो गया था कि सीधा-सादा बनकर रहने पर लोग आपको खा जाएँगे। इसलिए सारे इलाहाबादी शब्द जो सहायक क्रिया बनकर बातचीत के स्तर में आपकी सहायता करते हैं, मैं हमेशा अपने साथ रखने लगा था। बाहरी ताकतों से लड़ने में ये शब्दख मेरी खूब मदद करते थे। शुरुआत में मुझे ये तकलीफें बेहद परेशान करती थीं और मैं इनमें कभी-कभी उलझ भी जाता था। बाद में मुझे यह एहसास हुआ कि अर्जुन और मछली की आँख के बीच में अगर और कोई चीज आएगी तो निशाना चूक जाएगा।

दूसरी लड़ाई बहुत ही कठिन थी और यही मुख्य लड़ाई थी। यह खुद की खुद से लड़ाई थी और इस लड़ाई के शुरुआती दिनों में मैं हारता-सा नजर आ रहा था। एक भयंकर मानसिक द्वंद्व जो इलाहाबाद से दिल्ली आने तक मेरे भीतर चल रहा था और वह यह था कि क्या मैं यूपीएससी कर पाऊँगा? क्या जो निर्णय मैंने लिया है वह ठीक है? क्या यह सही है या फिर यह गलत है? मेरी इच्छाएँ और मेरे ख्वाब, परिवार की उम्मीदें, यह सारे सवाल मेरे

भीतर रोज उठते थे और मैं रोज इनके जवाब ढूँढ़ता रहता था। फेल होने का डर। समाज के तानों का डर। अच्छी नौकरी के चक्कर में साथी दोस्तों से पिछड़ने का डर। रोजाना होती यह लड़ाई धीरे-धीरे मेरे भीतर एक युद्ध का रूप लेती गई।

जैसे-जैसे समय बीतता जाता है तो लगता है कि अगर यह युद्ध आप हार गए तो फिर जीवन में कुछ भी नहीं बचेगा। सब कुछ खोने का डर ही आपके भीतर एक अनदेखी ऊर्जा का संचार करता है। यही भय मेरे भीतर भी था कि मुझे दूसरी लड़ाई किसी भी कीमत पर नहीं हारनी है। दूसरी लड़ाई में मेरे शुभचिंतक ही मेरे शस्त्र थे और मुझे उनके लिए ही जीतना था।

मुझे यकीन था कि मैं सर्वोत्तम का हकदार हूँ और मुझे लगता है कि मेरी जैसी पृष्ठभूमि से आने वाले हर एक इंसान को ये लड़ाइयाँ लड़नी पड़ती हैं। सभी लड़ाकों को मेरा यह संदेश है कि अगर आपने संघर्ष किया है और आपको लगता है कि आपको आपकी मेहनत के बराबर फल नहीं मिल रहा है, तो आपको यह जान लेना चाहिए कि अभी मेहनत और बाकी है। आप अभी सर्वोत्तम से दूर हैं। दुख, तकलीफ, त्रासदी, असफलताएँ आती रहेंगी, लेकिन ये आपकी तकदीर नहीं बदल सकती हैं। आप जीवन में सर्वोत्तम पाने के हकदार हो और वह आपको मिलकर ही रहेगा। आप बेहतरीन के लिए ही बने हैं। बेहतरीन नौकरी, बेहतरीन जीवन और बेहतरीन जीवनशैली। बेहतरीन बनने का यही एक मौका है। लग जाइए जी-जान से और पा लीजिए वो सब कुछ जिसके लिए आप बने हैं।

दूसरी लड़ाई आप किसी भी कीमत पर हार नहीं सकते हैं। आपको जीतना ही पड़ेगा। यहाँ से असफल होकर घर वापसी संभव नहीं।

लास्ट चांस

4 मई, 2009 की तारीख थी और मैं उस साल के सिविल सर्विसेज के फाइनल रिजल्ट के लिए शाहजहाँ रोड स्थित धौलपुर हाउस के बाहर खड़ा था। बहुत सारे छात्र सुबह से ही आईएएस के फाइनल रिजल्ट का इंतजार कर रहे थे। शाम 4 बजे रिजल्ट आया और मेरा नाम फाइनल लिस्ट में नहीं था। रात के 9 बजे चुके थे और मैं अभी भी वहीं बैठा था। उन पाँच घंटों में मैंने कम-से-कम पचास बार अपना रिजल्ट देखा कि शायद उस फाइनल लिस्ट में मेरा रोल नंबर हो। वहाँ तक पहुँचने के लिए बहुत मेहनत की थी और एक मिनट में हाथ से रेत की तरह सब कुछ निकल गया। कुछ भी समझ नहीं आ रहा था।

तभी पिताजी का फोन आया और आवाज सुनकर ही मुझे पता चल गया था कि वह कितने ज्यादा दुखी हुए थे। मैं ज्यादा कुछ बोल नहीं पाया। पिताजी ने कहा कि कोई बात नहीं, अगली बार और मेहनत करना। भारी मन से कुछ समय के बाद मैंने एक ऑटो बुलाया और रात दस बजे मुखर्जी नगर पहुँचा। रूम पर जाने का मन नहीं किया तो चाय पीने के लिए बत्रा सिनेमा पर गया। चाय पीते-पीते वे सारे दिन और वे सारी रातें, जो मैंने यहाँ तक पहुँचने में लगाए थे, सब तेजी से सामने से घूम गए।

दिल्ली आए तीन साल बीत चुके थे। मानो कल की ही बात हो। पता ही नहीं चला कि कब इतना लंबा समय बीत गया। केवल समय ही बीत रहा था और बाकी सब कुछ वैसा ही था। ठहरे हुए लोग, ठहरी हुई जिंदगी, वही क्लासेज, वही बत्रा सिनेमा और वही कटिंग चाय। कुछ नहीं बदला, सिवाय मेरे और लगातार मिलती मेरी असफलताओं के। जब पहली बार यहाँ आया था तो यही सब चीजें और यही सब जगहें मुझे उत्साहित करती थीं और मैं

सोचता था कि एक साल के भीतर ही आईएएस बन जाऊँगा। और आज असफल होने पर अब वही सब जगहें मुझे काटने को दौड़ रही हैं। रात में भइया का मैसेज आया कि परेशान मत होना और खाने-पीने का ध्यान रखना। वह रात कैसे कटी मुझे याद नहीं। कितने आँसू गिरे उसकी गिनती नहीं। उस रात मुझे नींद नहीं आई।

अगले दिन शाम चार बजे क्रिसेंट एकेडमी बेरसराय पहुँचा। सिर बहुत भारी था और दिल दुख से तार-तार। लियाकत सर के सामने मेरी जाने की हिम्मत नहीं थी क्योंकि सर को मुझसे बहुत उम्मीद थी। लियाकत सर क्लास लेने की तैयारी में थे। मुझे भी पता था कि उनका क्लास लेने का बिलकुल मन नहीं था। मुझे याद है जब मैं कोचिंग पहुँचा तो उनकी आँखों में आँसू थे। न मैं कुछ बोल पाया और न ही उन्होंने कुछ ज्यादा कहा। रूँधे हुए गले से बस उन्होंने इतना कहा कि अभी एक चांस बाकी है और तुम कर सकते हो। मुझे तुम्हारी मेहनत पर खुद से ज्यादा विश्वास है। सर की बातों से अचानक से पूरे माहौल में एक ऊर्जा-सी आ गई। वह दिन मैं कभी नहीं भूल सकता। चौबीस घंटे की निराशा मेरे दिल दिमाग से चंद मिनटों में दूर हो गई। मुझे लगा कि जब मेरे गुरु को मुझ पर इतना विश्वास है तो मुझे निराश होने की कोई जरूरत नहीं है। और मैं फिर जी जान से लग गया आईएएस के अपने लास्ट चांस के लिए। केवल दस दिन बचे थे प्रिलिमिनरी एग्जाम में।

रॉबर्ट ब्राउनिंग ने कहीं कहा था कि 'यू वर ऑलवेज ए फाइटर एंड लेट इट बी योर लास्ट एंड द बेस्ट फाइट', बस यही एक बात दिल में घर कर गई उस दिन।

यानि 'लड़ो कि यह लड़ाई अंतिम है, लड़ो कि यह लड़ाई बेहतरीन होगी।'

वो साल बहुत ही अच्छा था और मैंने दोगुनी मेहनत की थी। दिन-रात केवल किताबें और किताबें। मानो दिल से हारने का डर ही चला गया था। दिल में बस यही खयाल था कि जब भगवान ने यहाँ तक पहुँचाया है, तो जो भी होगा अच्छा ही होगा। लियाकत सर का मार्गदर्शन और कृष्मोहन, यूनुस और चंदन कुशवाहा जैसे होनहार दोस्तों के साथ बैठकर दिन-रात की पढ़ाई। हमने भागीरथ से कम मेहनत नहीं की थी। पढ़ते-पढ़ते वह साल मानो

कुछ मिनटों में ही बीत गया और दोबारा फिर मैंने अपने आपको शाहजहाँ रोड स्थित यूपीएससी के हेड ऑफिस धौलपुर हाउस के सामने खड़ा पाया।

6 मई, 2010 को जब रिजल्ट आया तो हम सभी सफल थे। जिस तरह भागीरथ की गंगा से पूरी सृष्टि पवित्र हो गई थी, उसी तरह मुझे लगा कि उस सफलता ने मेरे चार वर्षों की असफलता के दुख को एक झटके में ही धो दिया था। लियाकत सर की आँखें इस बार भी नम थीं। पिताजी का फोन इस बार भी आया था और भइया का मैसेज भी। मेरे आँसू इस बार भी नहीं रुक रहे थे। मेरे पास ऊपर वाले की ओर दिल की गहराइयों से देखने के अलावा और कोई विकल्प नहीं था।

मेरा दिल्ली आना सफल हो गया था और मैं घर खाली हाथ वापस नहीं जा रहा था। मैंने खुद पर कभी गर्व नहीं किया था, लेकिन माता-पिता के सपनों को सच करने का एहसास मेरे भीतर हमेशा एक गर्व की भावना का संचार करता है।

जेएनयू के दिन

हिंदुस्तान के नक्शे पर एक ऐसी जगह है जहाँ पढ़ने की कोशिश इस देश के हर स्टूडेंट को करनी चाहिए। कमाल की यूनिवर्सिटी है। औपचारिक रूप से मैं वहाँ पढ़ने से चूक गया, लेकिन वहाँ मेरे कुछ मित्र पढ़ते थे, जिनके पास आना-जाना लगा रहता था। इस वजह से मुझे वहाँ की कुछ विशेषताओं को पास से समझने और अपनाने का मौका मिला। मेरे जीवन में जो भी आया वह कुछ-न-कुछ सीख देकर ही गया। ऐसी ही एक जगह है दिल्ली की जवाहरलाल नेहरू यूनिवर्सिटी यानी कि जे.एन.यू।

जेएनयू में पहली बार जाने का मौका साल 2005 में मिला। मेरे ग्रेजुएशन के करीबी दोस्त और वर्तमान में साउथ एशियन विश्वविद्यालय में प्रोफेसर डॉक्टर धनंजय त्रिपाठी जेएनयू के माही हॉस्टल में रहते थे। पहली बार जेएनयू का पूरा चक्कर उन्होंने ही लगवाया था। पहली नजर में ही जेएनयू मुझे प्रभावित कर गया था। तब मैं सिविल सर्विसेज की तैयारी के लिए दिल्ली आया था और जेएनयू के सामने ही मुनिरका में रूम लेकर रहता था। इसीलिए हर शाम धनंजय के यहाँ आना-जाना और जेएनयू के चक्कर लगाना मुझे अच्छा लगता था। वहाँ एक अलग से पॉजिटिव माहौल का एहसास होता था। बाद में धनंजय छात्रसंघ में एक्टिव हो गया तो उनसे मिलने की फ्रिक्वेंसी धीरे-धीरे कम होती गई।

इसी दौरान मेरे करीबी मित्र और अभी मेरे सिविल सर्विसेज के बैचमेट विजय कुमार का एडमिशन भी जेएनयू में हो गया। विजय को रूम नंबर 262, साबरमती हॉस्टल एलॉट हुआ और उसके बाद मेरा ज्यादातर समय वहीं बीतने लगा। उस दौरान मुझे जेएनयू को बेहद करीब से जानने का मौका मिला। जेएनयू के बारे में जो मैं लिखने जा रहा हूँ वह कोई सुनी-सुनाई बात

पर आधारित नहीं है और ना ही आज की मीडिया से प्रभावित है। यह वह कहानी है जो मैंने देखी और लगातार वहाँ जाने पर महसूस किया है।

जेएनयू को अगर एक लाइन में परिभाषित किया जाए तो मुझे एक ही बात याद आती है। जेएनयू के पूर्व कुलपति वाई.के. अलघ से एक बार एक पत्रकार ने सवाल किया- 'हाउ डू यू फाइंड जेएनयू डिफरेंट फ्रॉम अदर यूनिवर्सिटीज?' अलघ साहब ने एक बेहतरीन जवाब दिया था- 'स्टूडेंट्स ऑफ जेएनयू थिंक एंड नॉट ओनली थिंक, बट दे थिंक विद द कन्विक्शन दैट देयर थॉट विल चेंज द वर्ल्ड।'

जेएनयू हमेशा से इंडिविजुल फ्रीडम का पक्षधर रहा है और यहाँ की कैंपस लाइफ में भी यह दिखता है। हर व्यक्ति की अपनी राजनीतिक सोच है और वह उस पर अपनी मजबूत राय रखता है। गंगा ढाबा और लाइब्रेरी या कैंटीन पर ऐसी राजनीतिक सामाजिक विषयों पर बहस एक सामान्य दृश्य है जो बाकी और यूनिवर्सिटीज में कम ही देखने को मिलता है। मुझे याद है वहाँ की शामें जब स्टूडेंट्स के झुंड गंगा ढाबा पर घंटों देश-समाज के ज्वलंत मुद्दों पर खूब चर्चा करते थे। स्टूडेंट्स यूनियन चुनाव के दिनों में रातभर काली नागिन जैसी लंबी-लंबी सड़कों पर मस्ती के साथ छात्रों का गीत गाते दिखना एक अलग-सा रोमाँच पैदा करता है। सारे गीत अरावली की पहाड़ियों से टकराकर पूरे माहौल में गूँज उठते थे।

यह देश की शायद अकेली यूनिवर्सिटी है जहाँ छात्रसंघ का चुनाव स्टूडेंट्स खुद मिलकर कराते हैं। पुलिस और प्रशासन का सहयोग नहीं लिया जाता है। यहाँ लोग एक-दूसरे से मतभेद भी रखते हैं, पर विरोधी विचारधारा वाला भी पूरी आजादी से अपनी बात रख सके, उसके लिए संघर्ष करने को तैयार रहते हैं।

फ्रीडम ऑफ एक्सप्रेशन वहाँ एक अकादमिक बहस का विषय नहीं बल्कि रोज गाया जाना वाला और रोज महसूस किया जाने वाला एक जीवंत राग है। यहाँ जाति और रंग का भेद नहीं बल्कि विचारों का युद्ध है। यहाँ तर्क है, संभावना है, पूछने के लिए सवाल है और समाज को देने के लिए नेतृत्त्व है। जेएनयू वह प्लेटफॉर्म है जो अमीर घरों से आए बच्चे और सामान्य परिवार से आए बच्चों का विभेद खत्म कर उन्हें तैयार करता है समाज में

वापस जाकर शिक्षा, साहित्य, कला, राजनीति, प्रशासन और अन्य क्षेत्रों में नेतृत्त्व देने के लिए।

ये सब बातें मुझमें एक विश्वास दिलाती हैं कि अगर भारत एक प्रगतिशील राष्ट्र बन रहा है तो उसमें जेएनयू जैसी संस्था का अहम रोल है।

जेएनयू आजादी का एक आदर्श है।
जेएनयू उच्च शिक्षा का एक रोल मॉडल है।
जेएनयू एक सतत बहती हुई विचारधारा है।
जेएनयू जीवनधारा का एक दर्शन है।
लॉंग लिव जेएनयू!
लॉंग लिव रेवोल्यूशन!

मध्यांतर

इलाहाबाद और प्रतापगढ़ के बीच में एक मध्यांतर भी आता है। प्रतापगढ़ मेरी जन्मस्थली है और इलाहाबाद में मैं पला-बढ़ा। प्रतापगढ़ गाँव हुआ करता था और इलाहाबाद एक शहर था। मेरा जीवन दोनों जिलों के बीच में ही बड़ा हुआ। कभी गाँव गया तो कुछ देख आया, कभी शहर में रहा तो कुछ सीख आया। लेकिन संस्कृति सिर्फ देखना और सीखना ही नहीं है। समाज और संस्कृति से रूबरू होने में श्रुतियों का भी एक महत्त्वपूर्ण स्थान रहा है। मध्यांतर माँ के साथ हुई बातचीत से निकले हुए ऐसे ही कुछ संस्मरण हैं जिन्हें मैंने श्रुति के रूप में ग्रहण किया और उन्हें माँ के साथ मिलकर शब्दों का रूप देने की कोशिश की। किताब का यह हिस्सा बिना माँ की कहानियों के संभव नहीं था।

मेरा गाँव, मेरे पूर्वज

उत्तर प्रदेश का एक छोटा सा जिला है प्रतापगढ़, जो इलाहाबाद फैजाबाद हाइवे पर स्थित है। वैसे तो यह पावन इलाहाबाद नगरी से मात्र साठ किलोमीटर की दूरी पर है, पर संगम के आशीर्वाद से, उसके चरण-रज से बिलकुल भी अछूता नहीं है। संगम नगरी की कृपा और आशीर्वाद प्रतापगढ़ शहर को हमेशा से पूरी तरह से मिलता रहा है। जन्म से लेकर मृत्यु तक हर प्रतापगढ़ी केवल इलाहाबाद का ही रुख करता है।

मेरा गाँव प्रतापगढ़ रेलवे स्टेशन से करीब पाँच किमी दूर रानीगंज तहसील में है। सई नदी के किनारे से लगभग दो किमी की दूरी पर एक विशाल टीले पर बसा हुआ है प्रेमधरपट्टी गाँव। छोटा-सा गाँव है जिसमें तब बीस-पचीस घर थे। दस-पंद्रह सवर्ण हैं और दस-पंद्रह दूसरी बिरादरी के। प्यार सब में था और सुख-दुख के सभी साथी थे। सभी कठिन परिश्रम करके परिवार का लालन-पालन करते थे। इसलिए छोटी-सी बस्ती में पंडित, जुलाहा, दलित, मुस्लिम सभी वर्ग के लोग बहुत प्रेमपूर्वक ही रहते थे। जब से मेरा जन्म हुआ है, मैंने कभी भी अपने गाँव में किसी प्रकार की जातीय या धार्मिक वैमनस्यता के बारे में नहीं सुना। सब साथ में थे और सब एक-दूसरे पर निर्भर थे।

प्रेमधरपट्टी नाम पड़ने की भी एक वजह है। बचपन से ही गाँव के बुजुर्ग लोगों से सुना है कि हमारे सबसे पहले पूर्वज प्रेमधर पांडे थे, जो अपनी धर्मपत्नी शक्ति देवी के साथ शायद गोरखपुर शहर से आकर यहाँ बस गए थे। उन्हीं के नाम पर मेरे गाँव का नाम प्रेमधरपट्टी पड़ गया। आज भी कभी-कभी लोग प्रेमधर बाबा की चर्चा करते हैं। जब भी गाँव में कुछ आयोजन होता है तो पुरानी बातों की चर्चा हो ही जाती है। काफी कुछ सुना है उनके बारे में कि कितनी तकलीफ के बाद वो यहाँ पर बसने में कामयाब हुए थे। वैसे भी

पुराने लोग हर तरह से मजबूत होते थे, मन से, तन से, आदर्शों से। अब कहाँ दिखते हैं ऐसे गुण। अब तो शायद बस उनका नाम ही बचा है इस गाँव में।

जैसे सीता बिना राम नहीं, राधा बिना कृष्ण नहीं, पार्वती बिना शिव नहीं, शायद उसी तरह बिना शक्ति देवी के प्रेमधर बाबा का जिक्र अधूरा है। उनका नाम तो शक्ति देवी था, लेकिन जबसे उनके बारे में सुना है तो उनको शक्ति माई के नाम से ही जाना है। कभी-कभी कुछ पुराने लोग यह भी बोलते हैं कि उनका नाम शक्ति देवी नहीं था, बल्कि उनका असली नाम किसी को पता ही नहीं है। चूँकि वह प्रेमधर बाबा की मृत्यु के बाद सती हो गईं थीं, इसीलिए उनको लोग सती माई कहते हैं। उनकी याद में गाँव के बाहर एक बगिया में एक छोटा-सा मंदिर भी बना है जहाँ हर होली में गाँव वाले इकट्ठा होकर फगुआ गाते हैं। उस बगिया को हम शक्ति माई की बगिया कहते हैं। बचपन में बहुत बार आम और जामुन तोड़ने जाता था उस बगिया में। कभी-कभार जब अस्सी के दशक में शादियाँ होती थीं और बारात आती थी तो जनवासे भी वहीं होते थे। कितनी बार घर पर न सोकर जनवासे में सोता था शक्ति माई की बगिया में। पुराने लोग और उनकी बातें आज भी मुझे विस्मित कर देती हैं। बस इतना ही पता है प्रेमधर बाबा और शक्ति माई के बारे में। मेरे ग्रामदेवता, मेरे पूर्वज, मेरे तन के जनक, आप की महिमा ऐसे ही बनी रहे।

आज दुनिया तेजी से बदल रही है। समय तेजी से भाग रहा है और लोग तेजी सी अंतर्मुखी होते जा रहे हैं। इस भागमभाग में लोग उतनी ही तेजी से अपने दादा, परदादा और अन्य पूर्वजों के नाम और गाँव से अनभिज्ञ से होते जा रहे हैं। वे भूल गए हैं कि कल वो भी इतिहास बनेंगे और दुनिया उन्हें भी भूल जाएगी। कितने ही विदेशी लोग अपने परिवारों का पता लगाते और अपनी जड़ों की तलाश में हिंदुस्तान के कोने-कोने में घूमते हैं और हमारे यहाँ लोग अपनी ही जड़ों को भूल रहे हैं। यकीनन आज की भागदौड़ में जिंदगी न मिलेगी दोबारा वाली थ्योरी खूब चल रही है, लेकिन हमारे आपके आगे बढ़ने में अपने पूर्वजों का भी महत्त्वपूर्ण स्थान है और उन्हें याद रखने की जरूरत भी है। पूर्वजों की संतान हैं हम। उन्हीं की देन है हमारा यह शरीर और उन्हीं की देन है हमारी मिट्टी। ऋणी हूँ उन महान आत्माओं का। सभी को अपने पूर्वजों का ऋणी होना चाहिए। हम जो भी हैं, उन्हीं की देन हैं।

कचहरी रोड का मकान

प्रतापगढ़ वैसे तो एक शहर है, लेकिन पिछली सदी के अंतिम दशक तक यह एक छोटा-सा कस्बा ही था। इसी शहर की कचहरी रोड पर स्थित बलीपुर मोहल्ले में मेरा ननिहाल हुआ करता है। यहाँ पर मेरे बचपन के बहुत से मस्ती भरे दिन गुजरे हैं। मुझे प्रतापगढ़ के ज्यादातर स्थान आज भी अच्छी तरह से याद हैं। चौक घंटाघर, भगवा चुंगी, बेल्हा देवी मंदिर, किशोरी का डोसा, गाजी का समोसा, पलटन बाजार की सब्जी मंडी, वृंदावन और निर्मल की सिंगल स्क्रीन टॉकीज और भी न जाने क्या-क्या। वैसे आज भी ज्यादा कुछ नहीं बदला है प्रतापगढ़ में, बस समय बदल गया है थोड़ा। शहर वही है केवल हम अब वह नहीं रहे। बचपन की यादों में रंग भरने वाले कुछ लोग भी कम हो गए हैं। बचपन बीत चुका है और उसके साथ ही बचपन की उत्सुकता भी कम हो गई है। अगर कुछ नहीं बदला है तो वह है बीते दिनों की खुशनुमा यादें। कल कचहरी रोड से बहुत दिनों के बाद गुजरना हुआ। दिल खाली-खाली-सा था। जैसे ही शहर में घुसा, बीते सारे दिन आँखों के सामने से घूम गए और आँखों में बरबस ही नमी-सी आ गई। दिल किया कुछ देर कार से उतर जाऊँ और नाना के घर की ओर चला जाऊँ। पता है कि अब वहाँ कोई नहीं रहता फिर भी न जाने क्यों ऐसा लगा कि जब जाऊँगा तो सब बीस साल पहले जैसा ही नजारा दिखेगा। होठों पर मुस्कान बिखर गई और मैं पहुँच गया बीस साल पहले वाले बलीपुर में।

बलीपुर में मेन रोड पर ही नाना का बड़ा सा घर था। जब भी लंबी छुट्टियाँ होती थीं हमें वहाँ जाने का मौका मिलता था। हम सब मौसेरे और ममेरे भाई बहन इकट्ठा होकर खूब मस्ती करते थे। मामी चूल्हे पर खाना बनाती थी और हम सब भाई-बहन आँगन में बैठकर खाना खाते थे। खाने से

ज्यादा, साथ में खाने का आनंद था। उस समय वहाँ लाइट नहीं हुआ करती थी, तो शाम ढलते ही बिस्तर पर जाना जरूरी होता था। आँगन में लाइन से चारपाई लगा दी जाती थी और हम सभी लोग दो-दो के जोड़े में एक-एक चारपाई में घुस जाते थे। नाना के यहाँ बहुत बड़ा आँगन हुआ करता था। जब हम बच्चे होते हैं तो दुनिया की हर चीज बड़ी ही लगती है। चारपाई पर लेटकर घंटों तारों को देखना बहुत ही सुहाना लगता था। किस तरह हम तारों को गिनते थे। ये मेरा तारा, नहीं वो वाला मेरा है क्योंकि वह ज्यादा चमक रहा है। एक दिन जाएँगे कभी उस तारे पर। हमें लगता था कि तारे यहीं पास में ही हैं और तभी तो दिख रहे हैं। और शायद एक दिन हम सच में उस पर जा सकेंगे। जिस रात चाँद पूरा निकलता था तो अलग ही बात होती थी। उन दिनों जब रात में लाइट नहीं आती थी तब पूरनमासी का पूरा चाँद रास्तों को खूब चमका देता था। हम सब उस रात छुपम-छुपाई खेलते थे क्योंकि उस उजली रात में सब कुछ साफ दिखता था। हम घंटों चाँद की रौशनी में अपनी परछाईं की लंबाई नापते थे। उन दिनों थककर सोने पर नींद भी अच्छी आती थी।

सुबह की चाय बिस्तर पर ही मिलती थी और हम दो-दो गिलास चाय जरूर पीते थे क्योंकि नाना के यहाँ ही हमें खूब लाड़ प्यार और हर बदमाशी करने की आजादी मिलती थी। नाश्ता करने के बाद हम सब बच्चे नहा-धोकर तैयार होकर बरामदे में बैठकर तोता उड़, मैना उड़, गधा उड़ खेलते थे और जो गलत होता था उसकी खूब पिटाई करते थे। अलग ही मस्ती भरे खेल होते थे। खेलने का कोई भी संसाधन न होते हुए भी बेहतरीन खेल थे और छोटे-बड़े सब खेल सकते थे। कुछ लोग मार न खाने के बदले में लेमनचूस (कैंडी) का ऑफर देते थे, जो एक फायदेमंद ऑफर होता था।

आँगन में एक अमरूद का पेड़ हुआ करता था जो मीठे-मीठे अमरूद के साथ ही पकड़म-पकड़ाई का प्ले ग्राउंड भी था। दोपहर के समय घंटों हम उसी पेड़ पर बैठे रहते थे। बड़े भाई लोग फटाफट पेड़ पर चढ़ जाते थे और छोटे सब बड़ों की दयादृष्टि पर नीचे इंतजार किया करते थे कि कब भइया अमरूद तोड़ेंगे और छोटों को देंगे। छककर अमरूद दिया है उस पेड़ ने। आज भी वह पेड़ है लेकिन थोड़ा बूढ़ा हो चला है और अब फल भी नहीं आते हैं उस पर। शायद वह भी जानता है कि अब यहाँ शरारती बच्चे

नहीं आने वाले हैं।

शाम होते ही कचहरी रोड पर स्थित दुर्गा माता के मंदिर के अहाते में क्रिकेट होता था। उस समय वहाँ के पुजारी पंडित राम आधार हुआ करते थे। बहुत ही क्रोधी थे और बच्चों के दुश्मन नंबर एक। हमें वहाँ देखते ही वह हमें मारने के बहाने ढूँढ़ते थे। मजाल है कि उनके रहते कोई भी बच्चा वहाँ खेल सके। हम उनके कहीं जाते ही मंदिर पर कब्जा जमा लेते थे और जमकर खेलते थे। हम उन्हें चिढ़ाते भी खूब थे और खूब आनंद लेते थे।

इसी तरह खेलते-कूदते ही बीत जाते थे दिन और दिन के साथ छुट्टियाँ भी। हम हमेशा यही गिनते थे कि कितनी और छुट्टियाँ बची हैं। वह छुट्टियों के दिन बेहतरीन थे, न पढ़ाई की चिंता, न स्कूल जाने की चिकचिक, सुबह से शाम बस खेलना-खाना और थककर सो जाना। हर दिन खिला-खिला, हर रात तारों भरी। छुट्टियों के खत्म होने पर तमाम खुशनुमा यादों का साथ हमें अगली छुट्टियाँ का इंतजार करने की ताकत देता था।

पलक झपकते ही वो तमाम छुट्टियाँ मेरे सामने से गुजर गईं। साथ में गुजर गईं वे गलियाँ और वे सड़कें जहाँ से कभी छोटे-छोटे कदमों ने दुनिया देखने का स्वप्न देखा था। कार से बाहर देखा तो कुछ बच्चे इमली के पेड़ पर पत्थर से निशाना साध रहे थे। एहसास हुआ कि मेरा बचपन गुजर चुका है लेकिन तमाम बचपन अभी भी जीवित हैं छोटी-छोटी खुशियों में। जीवनधारा ऐसे ही बहती है, बचपन ऐसा ही खुशियों भरा होता है।

गाँव की बारिश

वर्षा ऋतु की प्रतीक्षा करता हुआ गाँव का किसान पहली फुहार पड़ते ही खुशी से गदगद होकर अपने कंधे पर फावड़ा रखकर कुछ गुनगुनाते हुए खेतों की ओर निकल पड़ता है और फिर रिमझिम फुहारों के बीच दोगुने उत्साह से अगली फसल बोने की तैयारी में लग जाता है। वास्तव में वर्षा ऋतु मात्र किसानों को ही नहीं बल्कि समूचे समाज और देश के सभी वर्ग को आनंद देती है। चारों ओर व्याप्त हरियाली, पानी से भरे ताल तलैया और उसमें टर्र-टर्र करते हुए मेढकों का कोलाहल वातावरण की सुंदरता को दोगुना कर देता है।

भीगी हुई मिट्टी से निकलने वाली सोंधी महक हवाओं के साथ मिलकर वातावरण में घुल जाती है तो दुनिया का कोई भी इत्र उस महक के सामने बौना-सा लगने लगता है। पेड़ों की डालों पर डाले गए झूलों पर से आती हुई युवतियों के कजरी की सुरीली तान भी मन की उमंग को दोगुना कर देती हैं। ये गीत झूलों तक ही सीमित नहीं रहते हैं बल्कि खेतों में धान की रोपाई करती हुई युवतियाँ भी इसका आनंद उठाती हैं। पूरा घर ही धान की रोपाई में मगन रहता है और कानों में पड़ते रहते हैं कजरी के मधुर मनमोहक मनभावक गीत।

बारिश के स्वागत में घर की महिलाओं द्वारा आटे और गुड़ के मिश्रण से बनता अमरसा, सूखे महुआ से बनता ठोकवा और नोनबरिया पूर माहौल में खुशी बिखेर देते हैं। यह व्यंजन बहुत ज्यादा स्वादिष्ट होते हैं और जब बारिश में गरम-गरम खाने को मिलते हैं तो उस मौसम के आनंद को दोगुना कर देते हैं।

शहरीकरण के गाँव में घुसने के बाद अब ऐसा माहौल कम दिखता है। वह पुराना समय और वह नजारा नैसर्गिक होता था। आधुनिक परिवेश

में लोगों का झुकाव शहर की ओर बढ़ता जा रहा है जिससे पेड़ों की डालों पर डाले गए झूलों की संख्या साल-दर-साल घटती जा रही है। आज की नवयुवतियाँ भी आधुनिकता के रंग में पूर्ण रूप से सराबोर होने के कारण कजरी और स्थानीय लोक गीतों से अनभिज्ञ-सी गई हैं।

शहर की बारिश से लोग बचना चाहते हैं कि कहीं नजला-जुकाम न हो जाए। गाँव में बच्चों का बारिश में भीगना एक परंपरा थी जो शहर में आकर यह एक प्रिकॉशन बनकर रह गई है। कुछ भी हो बच्चे पर बरसात की एक बूँद नहीं पड़नी चाहिए वर्ना तबीयत खराब हो जाएगी।

गाँव, बारिश और झूमता किसान, यह एक देव-तुल्य संयोग होता था और इसका इंतजार सबको रहता था। बारिश प्रतीक है खुशी का, बारिश प्रतीक है तरक्की का और बारिश प्रतीक है इस बात का कि इस बार तो फसल अच्छी होगी। आधुनिकता ने किसान को कमजोर किया और कमजोर किसान से कमजोर हो गई ग्राम व्यवस्था। ग्राम व्यवस्था के कमजोर होने से मरने लगे गाँव के तरीके और गाँव के ढंग। बरसात में पड़ने वाले झूले कमजोर हो गए और कजरी गाने वालों के जीवन में खुशी नहीं रही।

लोग कहते हैं कि जीवन का चक्र गोल है और मैं भी इसी इंतज़ार में हूँ कि चक्र फिर से घूमे, सावन में फिर झूले पड़ें और किसान मस्ती में गाता हुआ निकल पड़े धान रोपने। और उस किसान के पीछे खुशी से भागती हो उसकी पत्नी और बच्चे। अगली बारिश में जरूर ले जाऊँगा अपनी बेटियों को गाँव के खेतों के बीच, जहाँ होगी उड़ती सोंधी खुशबू, जहाँ बिखरे होंगे कजरी के गीत और जहाँ महक होगी किसानों की खुशी की।

पीपल का पेड़

माँ की जुबानी-

पहले के लोगों के जीवन में भावनाओं की अधिकता थी। नदियों को माता बोलते थे और पत्थरों की पूजा करते थे। कण-कण में भगवान है, ऐसा लोग सिर्फ बोलते ही नहीं थे बल्कि मानते भी थे। इन्हीं मान्यताओं का एक स्वरूप है पीपल का पेड़। लोगों के जीवन में अनंत काल से जुड़ा हुआ पीपल का पेड़। शायद आप सबके गाँव में या आसपास भी पीपल का पेड़ जरूर होगा। मेरे गाँव में मेरे घर के ठीक सामने है पीपल का पेड़। वह सिर्फ एक पेड़ नहीं है, बल्कि सबके जीवन का एक अहम हिस्सा है।

माँ बताती हैं कि शादी के बाद सन 1974 में पहली बार मैंने प्रेमधरपट्टी गाँव में कदम रखा और तभी से यह पीपल का पेड़ मेरे घर के सामने है। आज भी वैसा ही है, हाँ थोड़ा बूढ़ा जरूर हो चला है। करीब पचास साल होने को है और लगता है मानो कल की ही बात हो। मेरे आने पर तुम्हारी दादी ने मुझे बताया था कि उनकी सासू माँ के जमाने से है यह पीपल का पेड़।

यह पीपल का पेड़ इस गाँव की जीवनधारा का एक अहम हिस्सा है, जिसका मुख्य कारण यह है कि हमारे गाँव में पहले कोई मंदिर नहीं था। गाँव के सभी वयस्क और बुजुर्ग यहीं आकर श्रद्धा से पूजा-पाठ करते थे। बिना इसे प्रणाम किए कोई आगे नहीं बढ़ता था। यहाँ तक कि अगर कभी कोई साइकिल से जा रहा होता था, तो पीपल के पेड़ के पास आने के पहले ही साइकिल से उतर जाता था और पेड़ को प्रणाम करने के पश्चात ही आगे बढ़ता था। ऐसा आदर भाव था, ऐसी आस्था थी गाँव वालों की इस पेड़ में।

सुबह-सुबह हर घर में जब पूजा हो तो कोई-न-कोई उस घर से आकर पीपल पर जल जरूर चढ़ाता था। जब भी किसी घर में कोई अच्छा प्रयोजन हो तो पीपल का आशीर्वाद जरूर लिया जाता था। एक तरीके से ग्राम देवता का रूप था यह पीपल का पेड़। ऐसा माना जाता है कि इस पेड़ पर बाबा विश्वनाथ का निवास है और यही कारण है कि इसके पत्ते हमेशा हिलते रहते हैं। चैत्र की सप्तमी से लेकर फाल्गुन की पूर्णिमा तक पूरे साल हर व्रत और त्योहार पर सबसे पहले गाँव में इसकी पूजा करने का नियम है। तैंतीस करोड़ देवी-देवताओं के प्रति अपनी आस्था और विश्वास के समर्पण का केंद्र बिंदु है यह पीपल का पेड़। सबके जीवन से जुड़ा हुआ और सबके जीवन को जोड़ता हुआ पीपल का पेड़। सुख का साथी, दुख का गवाह, मिलने की जगह, विरह का साक्षी। मानो गाँव की सीमा यही था। जाने वालों को लोग यहीं तक विदा करने आते थे और आने वालों का यहीं पर आकर इंतजार करते थे।

चूँकि हमारे अहाते से सटा हुआ था वह पीपल इसलिए हमारा जुड़ाव इससे ज्यादा था। जुड़ाव इसलिए भी था क्योंकि किसी-न-किसी काम से हमें इसके आसपास जाना ही पड़ता था। आँगन में आने पर जब भी ऊपर देखो तो बस पीपल देवता ही दिखते थे। आध्यात्मिकता के साथ-साथ यह पेड़ प्राकृतिक सौंदर्य से भी भरपूर था। यह पेड़ पक्षियों के आहार-विहार और मनोरंजन के साथ ही उनका निवास स्थान भी था। सैकड़ों पक्षी इस पर अपना घोसला बनाकर रहते थे और बाबा के भोग का आनंद उठाते सुबह-शाम कलरव करते थे। गरमी हो या बरसात, पीपल हमेशा जीवन का हिस्सा रहा है। जब गरमी पड़ती थी, तब इसके पत्तों को देखकर ही पता चलता था कि हवा बह रही या नहीं और अगर हवा बह रही है तो किस दिशा में बह रही है।

बरसात के मौसम में जब शाम को ढेर सारे जुगनू पीपल के आसपास जगमगाते थे तब लगता था मानो भगवान ही रौशनी का कोई नूर बरसा रहे हों। मानो आसमान के सारे सितारे उस पीपल पर आकर बिखर गए हों। उन दिनों जब कि गाँव में बिजली नहीं आई थी, तब घुप्प अँधेरों में जुगनुओं से भरी बरसात की रात बेहतरीन होती थी।

सर्दियों में कितनी ओस गिरी है रात भर, यह पीपल के पत्तों को देखकर

ही पता चल जाता था। सुबह हम रजाई से बाहर तभी निकलते थे, जब पीपल के पेड़ के सबसे ऊपर हमें सूर्य देवता की किरण दिखाई पड़ जाती थी। सभी मौसमों में पीपल का अपना ही महत्त्व था। जीवन का अभिन्न अंग था यह पीपल का पेड़।

उन दिनों जब किसी तरह की टेक्नोलॉजी देश में नहीं आई थी और फेसबुक, व्हॉट्सएप की दुनिया नहीं थी तब गाँव की महिलाएँ शाम ढलते ही इसी के नीचे खड़ी होकर घंटों बातें करती थीं। उसी पेड़ के इर्द-गिर्द ही बच्चे कोई-न-कोई खेल इजाद कर लिया करते थे। जब मंत्र सुनाई दे तो समझ लो पीपल के पास कोई पंडित जी पूजा में लगे हैं। जब गाय के गले की घंटी बजे तो समझ लो जानवरों को चराकर तिराई से चरवाहा वापस आ गया। जब कोयल बोले तो सुनते जाओ उसका संगीत। जब कौवा बोले तो डूब जाओ किसी के इंतजार में। ऐसे ही न जाने कितने किस्से जुड़े हुए हैं इस पीपल के पेड़ से।

अब बूढ़ा हो चला है पीपल का यह पेड़। पत्ते भी काफी कम हो चुके हैं। जब गाँव में बिजली आई तो सरकार ने इसकी कुछ डालें काट दीं। जब पड़ोसी का पक्का घर बना तो कुछ डालें और कट गईं। किसी-न-किसी वजह से डालें कटती गईं। अब सिर्फ तना और कुछ डालें बची हैं। अब तो कोई नया इंसान गाँव से गुजरे तो उसकी नजर भी न जाए इस पीपल के पेड़ पर।

समय बदल गया है लेकिन पेड़ वही है, प्रभाव भी वही है। अंतर आया है सिर्फ मान्यताओं में। आज वह बाबा विश्वनाथ का स्थान न होकर नई पीढ़ी के लिए एक वृक्ष मात्र बनकर रह गया है। लेकिन मेरे लिए वह अगाध निष्ठा और विश्वास का केंद्र ही रहेगा, हमेशा।

अब भी जब गाँव जाती हूँ तो पीपल देवता के पैर जरूर छू लेती हूँ। याद कर लेती हूँ इसी बहाने बीते सालों को और गुजर गए लोगों को। सुनाई पड़ती हैं कुछ किलकारियाँ। गूँज उठती हैं कुछ ठिठोलियाँ। और यह सब कुछ नमी दे जाता है आँखों को।

मेरी ही तरह कितनी ही जिंदगियों से जुड़ा है यह पीपल का पेड़। जब भी सुनाती हूँ शहर में बैठकर पोतियों को गाँव की कहानी तो गाँव के पहले दृश्य में पीपल का पेड़ जरूर होता है।

माई

माँ और मम्मी से पहले एक शब्द हुआ करता था माई। खासकर अवध और पूर्वांचल में ज्यादा प्रचलित था यह शब्द। आजकल धीरे-धीरे समाज से और भाषा से यह शब्द गायब होने लगा है। पहले लोग अपनी माता को बुलाने के लिए यह शब्द प्रयोग में लाते थे। जब मम्मी शब्द का प्रयोग बढ़ा तो यह माई शब्द धीरे-धीरे दादी माँ के लिए भी प्रयोग होने लगा। फिर धीरे-धीरे गाँव की हर बुजुर्ग महिला को लोग माई बोलने लगे। भाषा विज्ञान की दृष्टि से माँ को ही माई बोलते हैं लेकिन मैं अपनी दादी को माई कहता था, इसलिए मेरी माई यहाँ दादी का ही पर्यायवाची है।

मेरी जो माई थी असल में वह मेरी दादी थी। चूँकि मेरे पिता जी अपनी माँ को माई कहकर बुलाते थे तो उनको देखकर मैं भी उनको माई बुलाने लगा। वैसे पूरा घर ही उसे माई कहकर बुलाता था। वह मुझे बहुत पसंद करती थी और गाँव जाने पर मुझे कोई तकलीफ न हो, वह इस बात का पूरा खयाल रखती थी। जब भी वह शहर आती तो मैं सबको बताता था कि ये दादी है मेरी। लेकिन शहर में मैं उसे माई बोलने से कतराता था, मुझे लगता थी कि माई गँवई शब्द है इसीलिए शहरी दोस्तों के सामने दादी ही बोलता था।

माई एक इंस्टीट्यूशन थी। यह इंस्टीट्यूशन भारत के प्रत्येक राज्य में अलग-अलग नाम से मौजूद था-गुजरात में बा, महाराष्ट्र में आई और हमारे यहाँ माई। नाम कोई भी हो, काम एक ही था, परिवार को प्यार के धागे में बाँधकर रखना। ज्वॉइंट फैमिली का आधार थी माई। ग्रैनी, नैनी और ग्रैंडमा के जमाने से पहले वाली घर की मुखिया, घर की सेवक, घर की टीचर, घर की रक्षक, घर का स्तंभ थी माई।

सुंदरता इतनी कि मत पूछिए। आज की भाषा में कहें तो माई क्यूट

दिखती थी। घर और घर के बाहर माई का एक विशेष रुतबा हुआ करता था। समाज में उनका स्वाभिमान, सम्मान और प्रतिष्ठा सर्वोपरि था। ये विशेषताएँ सिर्फ मेरी अपनी बूढ़ी माई पर चरितार्थ नहीं होती हैं बल्कि उन्नीसवीं सदी की समस्त बुजुर्ग महिला पर फिट होती है। फिर चाहे वह मेरी बूढ़ी माई हो, या पड़ोसी की या फिर गाँव में रहने वाली कोई भी बुजुर्ग महिला हो। एक समय था जब हमारे समाज में, खासकर ग्रामीण समाज में बुजुर्गों का वर्चस्व सर्वत्र व्याप्त था, घर के अंदर या आसपास बूढ़ी माई का और घर के बाहर बूढ़े बाबा का।

सब की बूढ़ी माई का अपने परिवार पर जितना शासन होता था, उतना ही शासन पड़ोसी, रिश्तेदार और परिचित लोगों के परिवार पर भी होता था। गाँव की सब माई लोग दिखने में पत्थर-सी कठोर पर भीतर से फूल से भी ज्यादा कोमल स्वभाव की होती थीं। बहू-बेटियों और बच्चों का तन-मन से बहुत ध्यान रखती थीं लेकिन मर्यादा का उल्लंघन या अभद्रता को कदापि बर्दाश्त नहीं करती थीं। कहीं कुछ गलत होता था तो खुलकर बोल देती थीं। चलने में असमर्थ होने के बावजूद दुष्टता करने पर डंडा फेंककर मार भी देती थीं, चाहे स्वयं के परिवार का सदस्य हो या पड़ोसी का। ऐसा उसे अधिकार भी था और इतना दबदबा भी। समाज में स्थान ऐसा था कि किसी की भी चूँ करने की हिम्मत नहीं होती थी।

माई के चेहरे पर रोब झलकता था किंतु प्रेम और कर्तव्यनिष्ठा में भी वह किसी तरह की कोई कमी नहीं करती थी। कमर झुकने और चलने की ताकत न होने के बावजूद एक हाथ में डंडा और एक हाथ में झाड़ू लेकर माई सुबह होते ही घर के बाहर सफाई में जुट जाती थी। फिर तो घर के चारों तरफ कहीं कोई गंदगी नहीं दिखाई देती। घर का और घरवालों का निःस्वार्थ भाव से खयाल रखने का दूसरा नाम ही माई था।

अनुभव, धैर्य और तन्मयता से भरपूर माई नवजात शिशु के लिए तो वरदान थी। घर के छोटे बच्चे की देखभाल अपने तरीके से और बिना किसी हस्तक्षेप के माई करती थी। घरेलू नुस्खे ऐसे कि आजकल के डॉक्टर भी फेल हो जाएँ। छोटे बच्चों को तो माई अपने अनुभव से ही पाल-पोसकर बड़ा कर देती थी। मैंने देखा था गाँव की तमाम माई लोगों को हमेशा किसी-न-किसी

छोटे बच्चे के साथ। उस समय बच्चे किसी के भी हों और माई किसी की भी, कोई अपना पराया नहीं। सब बच्चे अच्छे से पल जाते थे। तेल मालिश और बुकवा से बच्चों की अच्छी मालिश कर देती थीं माई लोग। छोटे बच्चे उस जमाने में माई लोग की ही अनकही जिम्मेदारी थे और यह जिम्मेदारी नि:स्वार्थ थी।

माई के हाथ में जादू था। आज जबकि घर की महिलाएँ चार लोगों का खाना बनाने में ही थक जाती हैं, लेकिन तब माई किचन की एक बेहतरीन मैनेजर थी। माई को मैंने कभी रसोई से किसी चीज को फेंकते हुए नहीं देखा था। फटे दूध का पनीर बन जाता था। कलेवा की बासी रोटी और दाल को मिलाकर दाल की स्वादिष्ट रोटी बना देती थी माई। मैनेजमेंट ऐसा कि एक साथ सबको गरमागरम परोस देती थी। हम सब रसोई के बगल वाले बरामदे में बैठ जाते थे और माई गरम-गरम रोटी खिलाती जाती थी। एक बड़ा-सा चूल्हा था, जिस पर माई रोटी बनाती थी। थोड़ी-सी आग बाहर निकालकर उस पर सब्जी का भगोना या लोहे की कड़ाही रखती थी जिससे सब्जी गरम रहे और रोटी भी बनती रहे। वह एक हुनर ही था माई का। जाड़े के मौसम में माई हमारे खाने का विशेष खयाल रखती थी। मटर और चने का निमोना खूब बनता था। तब मिक्सचर या मिक्सी नहीं होती थी और न ही इतने तरह के मसाले बाजार में मिलते थे। वैसे माई को इनकी जरूरत भी नहीं थी। रसोईघर के कोने में एक सिलबट्टा हुआ करता था और माई तमाम तरह के मसाले और चटनी उस पर ही पीसती थी। रोजाना खड़ा मसाला सिलबट्टे पर ही पीसा जाता था। माई के हाथ का दही बड़ा और उस पर धनिया और भूने जीरे का स्वाद दोबारा कहीं नहीं मिला जीवन में। सालों बीत गए माई को गए हुए, पर उसके हाथों का स्वाद आज भी तरसाता है। कई बार धर्मपत्नी को सिलबट्टे पर चटनी बनाने को बोला है, चटनी तो बन जाती है पर माई वाला स्वाद नहीं बनता। माई के हाथ में जादू था।

वास्तव में बूढ़ी माई दरवाजे की शान हुआ करती थी। उनके रहते न तो घर के किसी भी सामान को कोई नुकसान पहुँचा सकता था और न ही परिवार के किसी सदस्य पर कोई आँच आ सकती थी। माई परिवार की सुरक्षा कवच थी। अक्षम होने के बावजूद पारिवारिक प्रेम और वात्सल्य चेहरे पर झलकता

रहता था और उनका शेष जीवन परिवार की शुभकामना तथा आशीर्वाद में ही व्यतीत होता था। ऐसी महान विभूति के अगाध वात्सल्य, निःस्वार्थ प्रेम से कोई भी परिवार कभी भी उऋण नहीं हो सकता। मेरी बूढ़ी माई का स्थान सदा से ही सम्माननीय रहा है और हमेशा रहेगा। संबंधों की श्रृंखला को जोड़ने वाली एक मजबूत सशक्त कड़ी, पारिवारिक संरक्षण, प्रेम और कर्तव्यनिष्ठा की प्रतिमूर्ति तथा सतत वात्सल्य रस से ओतप्रोत माई को मेरा शत-शत नमन!

बढ़ते शहरीकरण और ज्वॉइंट फैमिली सिस्टम के पतन के साथ ही माई भी समाज से गायब होने लगी हैं। कभी-कभार ग्रैंडमा के रूप में दिख जाती हैं, लेकिन वह बात नहीं दिखती और अब वह परिवेश भी नहीं रहा। समय बदलता है, समाज बदलता है, संस्कृति बदलती है। कुछ नया आता है और कुछ पुराना जाता है। पुरानी माई तो चली गई लेकिन उसके जैसा दूसरा शायद ही आए।

पहली यात्रा

एक दिन शाम को मेरी छोटी बेटी घर में खूब धमाल कर रही थी। संभालना मुश्किल हो रहा था। धर्मपत्नी ने सलाह दी कि चलिए बेटी को कार में घुमाकर लाते हैं, शायद कुछ देर शांत हो जाए। मेरी बेटी महज दो साल की है। लेकिन जिस कौतूहल से वह कार से बाहर के नजारे देखती है कि मत पूछिए, जैसे पूरी दुनिया आज ही देखना चाहती हो। आजकल बच्चों को कार में घुमाना भी परिवार के लिए एक आउटिंग ही है। मेरा भी पूरा परिवार कार में बैठ लेता है और उसी बहाने एक कार ड्राइव हो जाती है।

उस समय मेरी माँ भी साथ हो चली। मेरी बेटी के साथ मेरी माँ की यह पहली कार यात्रा थी। सफर में माँ ने अपने समय की बात शुरू की और बताया कि कैसे उस समय मोटरकार न के बराबर हुआ करती थी। सफर के साधनों में सब रेलगाड़ी का ही सहारा लेते थे। बातों-ही-बातों में माँ ने अपने जीवन की पहली यात्रा के बारे में बताना शुरू किया। कार चल रही थी और मैं धीरे-धीरे माँ की बातों में खोता जा रहा था। माँ के शब्दों में एक ऐसा खिंचाव था कि माँ के साथ ही मैं पहुँच गया अपनी माँ के बचपन में।

माँ की जुबानी-

"साठ का दशक था। सभी तरीके की वैज्ञानिक प्रगति से अंजान प्रतापगढ़ जैसे छोटे शहर में मेरा घर था। घर मेन सिटी में ही था लेकिन स्कूल से घर और घर से स्कूल ही मेरा जीवन था। इसके अलावा कभी कुछ देखा नहीं था और अपने शहर के बाहर कभी जाने का मौका नहीं मिला था। वैसे भी उस समय समाज में संसाधनों की बहुत कमी थी। कभी-कभार दूर से पंजाब मेल या फैजाबाद-इलाहाबाद पैसेंजर को आते-जाते देखा करते थे। मन में बहुत से सवाल उठते थे कि कैसी होती होगी यह रेलगाड़ी और कब मुझे इस पर बैठने

का मौका मिलेगा। तब समाचार पत्र भी बड़े लोगों की शान हुआ करते थे। देश कितना आगे बढ़ रहा है, यह खबर भी हम बच्चों को नहीं मिलती थी। नए के नाम पर जीवन में कभी नई कॉपी या कोई नई किताब ही आया करती थी। अन्य किसी भी नए विषय या स्थान की मुझे कोई खास जानकारी नहीं थी।

1968 की बात है, मैं 15 साल की थी और दसवीं क्लास में पढ़ रही थी, जब मुझे पहली बार प्रतापगढ़ से बाहर जाने का मौका मिला। माँ कुछ बीमार थी और उनको इलाहाबाद के किसी बड़े हॉस्पिटल में दिखाना था। उसी बहाने मुझे भी उसके साथ जाने का मौका मिला। मैं बहुत उत्साहित थी और मन में पहली रेल यात्रा पर जाने की अपार खुशी थी। माँ, पिताजी और चाचाजी के साथ मैं भी रेलगाड़ी पर बैठकर इलाहाबाद के लिए निकल पड़ी। मुझे आज भी याद है कि मैं उस दिन बहुत खुश थी और बार-बार यह सोच रही थी कि लौटकर सारी सहेलियों को इसके बारे में बताऊँगी। मेरा बालक मन बहुत ही ज्यादा प्रफुल्लित था।

इलाहाबाद शहर से सात किलोमीटर पहले प्रयाग नाम का स्टेशन है। तब केवल वही जगह प्रयाग कहलाती थी और बाकी सारा शहर इलाहाबाद हुआ करता था। हम सब प्रयाग में उतर गए। रेलवे स्टेशन पर उतरने के बाद बाहर निकलते ही मैंने जीवन में पहली बार साइकिल रिक्शा देखा। प्रतापगढ़ में तो उस समय एक भी साइकिल रिक्शा नहीं था। रिक्शा देखकर ही मैंने यह अंदाजा लगाया कि आदमी द्वारा चलाई जाने वाले इस गाड़ी पर बहुत धनवान लोग ही बैठते होंगे। बहुत कहा-सुनी और मोल-भाव के बाद एक रुपए में हम तीन लोग, मैं, मेरी माँ और मेरे चाचा रिक्शे से कमला नेहरू अस्पताल की ओर चल पड़े। पिताजी रिक्शे के पीछे-पीछे पैदल ही चल रहे थे। मैं सातवें आसमान पर थी। कहाँ कुछ भी नहीं देखा था और कहाँ एक ही दिन में रेल की यात्रा और फिर रिक्शे पर बैठने का मौका भी मिल गया।

माँ को क्या बीमारी थी, यह मुझको बिल्कुल भी पता नहीं था लेकिन हम पूरी तरह से आश्वस्त थे कि इलाहाबाद जैसे बड़े शहर में इलाज करवाने के बाद मेरी माँ बहुत जल्दी ठीक हो जाएगी। माँ की बीमारी के भयंकर परिणाम से मैं अंजान थी और इसलिए मुझे रिक्शे पर बैठने की बड़ी उत्सुकता थी। सौभाग्य कहिए या दुर्भाग्य कि ये सारी खुशियाँ मुझे उसी दिन मिलीं जिस दिन

मेरी माँ बीमार थी और कमला नेहरू अस्पताल तक पहुँचने के लिए अन्य कोई साधन उपलब्ध नहीं था। लेकिन चूँकि मैं माँ की बीमारी से बेखबर थी, इसलिए मैंने रेल और रिक्शे की यात्रा का खूब आनंद उठाया। यही सोचती रही कि वापस लौटकर सभी सहेलियों को इसके किस्से सुनाऊँगी। उस दिन हम स्वयं को धन्य समझ बैठे थे।

दो दिन की तमाम मेडिकल जाँच के पश्चात मन सशंकित हो उठा। माँ कैंसर से पीड़ित थी और उस समय यह एक लाइलाज बीमारी थी। मुझे किसी ने कुछ नहीं बताया परंतु पिताजी और चाचाजी को परेशान देख मैं डर गई थी। दोबारा प्रतापगढ़ जाने के लिए रिक्शे पर बैठी पर दिल-दिमाग में केवल एक भय था और आँखों में माँ का चेहरा। शायद भाग्य को कुछ और ही मंजूर था। ईश्वर ने हमें यह भी अवसर नहीं दिया कि हम अपने जीवन की इस पहली यात्रा के आनंद का वर्णन अपनी सहेलियों से कर पाते।

वो मेरी इलाहाबाद की पहली यात्रा थी और माँ की आखिरी यात्रा। 16 जून, 1968 को गर्मियों की छुट्टी में कैंसर से मेरी माँ की मृत्यु हो गई। आज जब पीछे मुड़कर उस यात्रा को देखती हूँ तो दुख के सिवा और कोई भाव नहीं आता। वह यात्रा मेरे लिए सिर्फ माँ को खोने का एहसास है।''

यह मेरे जन्म से पहले की बात है, पर लगा कि माँ की उस यात्रा में मैंने भी कुछ खो दिया। मेरी आँखें नम थीं। नानी को मैंने कभी देखा नहीं था, पर वह यात्रा और यात्रा की वजह दोनों दिल-दिमाग पर असर कर गई। शायद जिंदगी का सफर भी ऐसा ही होता है। हम सफर पर निकलते हैं, नजारे देखते हैं और फिर वापस चले जाते हैं। कुछ देर तक कार में एक अजीब-सी खामोशी छा गई थी।

बेटी की आवाज ने ध्यान भटका दिया। पापा वो देखो लिक्सा लिक्सा। बाहर देखा तो एक साइकिल रिक्शा वाला जा रहा था, एक माँ और बेटी को बैठाए हुए। कार तेजी से आगे निकल रही थी और रिक्शा पीछे छूट चुका था।

लंबी उड़ान

माँ की जुबानी-

दोपहर का समय था। सूरत मेन रोड पर जे.एच. अंबानी स्कूल के बाहर मैं अपनी पोतियों का इंतजार कर रही थी। तीनों पढ़ने में बहुत तेज हैं और लड़कों से किसी तरह कम नहीं हैं। टाइम से स्कूल जाती हैं और टाइम से ही आती हैं। तीनों के पास मुख्यतः चार काम हैं पढ़ना, खेलना, खाना और सोना। बच्चियाँ दिन-प्रतिदिन तेज-तर्रार हो रही हैं और यह देखकर मुझे बेहद खुशी होती है। लड़कियों की पढ़ाई की स्थिति में समय के साथ कुछ सुधार तो हो रहा है। मेरे समय में यह सब एक सपना ही था। यही सोचते-सोचते मैं कब अपने स्कूल के दिनों में चली गई कि मुझे पता ही नहीं चला।

सन 1960 के आसपास की बात है। पढ़ाई के महत्त्व को उस समय बहुत बल दिया जाता था। लोग कहते थे कि पढ़ाई वह संजीवनी बूटी है जो मानव मस्तिष्क को जीवनदान देती है। पढ़ाई मनुष्य को जीवन पर्यंत सक्रिय एवं गतिशील बनाए रखती है। जीवन जीने के लिए जिन गुणों की आवश्यकता होती है, जैसे; विवेक, विनम्रता, पात्रता, वैभव, सुख-शांति, उनका स्रोत भी शिक्षा ही है। जिस वृक्ष की जड़ जितनी गहराई में होती है वह वृक्ष उतना ही विशाल और सुदृढ़ होता है। ठीक इसी तरह इंसान के जीवन जीने का तरीका, उसकी गुणवत्ता एवं सार्थकता का मूल्यांकन भी उसकी शिक्षा पर ही आश्रित होता था। लेकिन उस वक्त एक चीज की कमी थी। समाज में लड़कियों और लड़कों को पढ़ने के बराबर के मौके नहीं मिलते थे।

साठ या सत्तर के दशक तक शिक्षा का उद्देश्य केवल शिक्षण था। बाहरी दिखावे जैसी कोई चीज न तो शिक्षक के दिमाग में थी और न ही शिक्षार्थी के। आज की तरह सेंट कॉन्वेंट जैसी कोई संस्था नहीं होती थी। गाँव

में तो प्राइमरी पाठशाला और जूनियर विद्यालय ही होते थे जहाँ लड़के और लड़कियाँ एक साथ ही पढ़ते थे, लेकिन अमूमन लड़कियाँ कम ही होती थीं। शहर में लड़कियों और लड़कों के अलग-अलग सरकारी इंटर कॉलेज थे। वह भी उस समय एक शहर में केवल एक ही कॉलेज होता था। उस समय के अस्सी प्रतिशत माँ-बाप केवल लड़कों की पढ़ाई की बात सोचते और उन्हें ही पढ़ाते थे। समाज के तानों को सहते हुए मात्र बीस-तीस प्रतिशत माता-पिता ही लड़कियों को पढ़ाने की हिम्मत जुटा पाते थे। किसी तरह लड़के और लड़कियों की इंटर तक की पढ़ाई तो अलग-अलग हो जाती थी। लेकिन लड़कियों को उच्च शिक्षा दिलाने के लिए डिग्री कॉलेज भेजना माता-पिता के लिए टेढ़ी खीर था। दूरदर्शी माता-पिता पढ़ने भेज भी देते थे तो पड़ोसियों की कानाफूसी लगातार चलती रहती थी क्योंकि कॉलेज में सहशिक्षा (को-एजुकेशन) की व्यवस्था थी।

सन् 1971 में प्रतापगढ़ शहर में मात्र एक डिग्री कॉलेज था- मुनीश्वरदत्त डिग्री कॉलेज। शहर के कचहरी रोड पर स्थित बलीपुर मोहल्ले की डिग्री कॉलेज में प्रवेश लेने वाली मैं पहली लड़की थी। उस समय बड़ा शोर मचा था कि लड़की की कमाई खाने के लिए लड़की को इतना पढ़ाया जा रहा है। फिर भी मुझे पढ़ने का मौका मिला क्योंकि मेरे पिताजी का सपना था कि बेटियों को पढ़ाया जाए। वहाँ की सब लड़कियाँ मेरी तरह भाग्यशाली नहीं थीं। फिर भी मुझे एक भेदभाव झेलना पड़ा था। कॉलेज में एडमिशन मिलने के बावजूद अपनी रुचि के विषय को पढ़ने की इजाजत घर से नहीं मिल पाई थी। इंटर तक अंग्रेजी पढ़ने के बाद बी.ए. में भी मेरा अंग्रेजी पढ़ने का बहुत मन था। लेकिन मन होने के बावजूद पारिवारिक मंजूरी नहीं मिल पाई क्योंकि उस समय उस कक्षा में अंग्रेजी पढ़ने वाली कोई दूसरी लड़की नहीं थी। अतः चाहते हुए भी मनचाहे विषय की पढ़ाई से मुझे वंचित होना पड़ा था। लेकिन जो कुछ भी पढ़ने का सौभाग्य प्राप्त हुआ उसमें किसी भी तरह की कोई कमी नहीं थी। शिक्षक इतनी तन्मयता और ध्यान से पढ़ाते थे कि उन्हें समय का ध्यान ही नहीं रहता था। सभी अपने विषय के प्रकांड पंडित और सभी सादा जीवन और उच्च विचार वाले लोग थे। पाँच वर्षों तक इस महाविद्यालय में पढ़ाई के दौरान अध्ययन-अध्यापन में कभी भी कोई अवरोध नहीं आया। एक

भी दिन क्लास कभी ब्रेक नहीं हुई।

चूँकि कॉलेज में लड़कों की संख्या बहुत अधिक थी और ज्यादातर गाँव से नए-नए शहर में आए थे इसलिए उनमें पढ़ाई को लेकर ज्यादा तल्लीनता या सीरियसनेस नहीं दिखाई पड़ती थी। ज्यादातर छात्र पान और खैनी खाने में मस्त रहते थे। खास बात यह थी कि उस समय के माता-पिता उन्हें ये चीजें खाने के लिए प्रेरित भी करते थे। उनका कहना था कि इसे खाने से शरीर चुस्त-दुरुस्त रहता है और नींद नहीं आती है। पता नहीं कितना दम था इस थ्योरी में लेकिन समाज में इसको स्वीकृति मिली थी।

आज के समय में निश्चित ही आधुनिकता ने यूनिवर्सिटी एजूकेशन में प्रवेश किया है, पर इन सब के बावजूद ऐसा एहसास होता है कि उस समय की शिक्षा आज की शिक्षा से बेहतर थी। आज के परिवेश में तकनीकी शिक्षा पर विशेष ध्यान दिया जाता है जो बच्चे को पारिवारिक और सामाजिक परिवेश से बहुत दूर ले जा रही है। जीवन में तकनीक के बढ़ने से संबंधों में नीरसता बढ़ रही है और साथ-ही-साथ सहृदयता का भी ह्रास हो रहा है और दुनिया में अच्छे लोग कम हो रहे हैं। मानव बनने के लिए मानवता को समझना जरूरी है। मानवता को समझने के लिए मानव इतिहास की समझ जरूरी है। मानव इतिहास समझने के लिए मानविकी के कुछ पन्ने पलटने बहुत जरूरी हैं। आधुनिकता की दौड़ में सफल होने की कोशिश ने विज्ञान और तकनीकी की पढ़ाई को आगे बढ़ाया है। मानविकी कहीं पीछे छूट रही है। दुनिया को एक बेहतर जगह बनाने के लिए आधुनिक संसाधनों के साथ-साथ ह्यूमन टच भी जरूरी है। यह ह्यूमन टच निःसंदेह ह्यूमैनिटीज (मानविकी) की पढ़ाई से ज्यादा आता है। शिक्षा की गुणवत्ता बनाए रखना बहुत ही जरूरी है क्योंकि जीवन में समरसता का मार्ग शिक्षा से ही होकर गुजरता है। असली शिक्षी वही है जो मनुष्य को मानवतावादी बनाए।

आज शिक्षा के मायने बदल गए हैं और साथ ही शिक्षा का उद्देश्य भी। जमाना भी बदल गया है और पाश्चात्य जीवन शैली को बढ़ावा देने वाली शिक्षा की ओर सभी आकर्षित हैं। नए युवक-युवतियों को व्यावसायिक शिक्षा की निश्चित ही जरूरत है, परंतु व्यावसायिक जीवन की नहीं। आज लोग निजी जीवन में भी व्यावसायिक बनते जा रहे हैं। आज की नई पीढ़ी को

शिक्षा के क्षेत्र में सामाजिकी और मानविकी की बहुत ही ज्यादा जरूरत है। भावनात्मक रूप से सुदृढ़ पीढ़ी ही जीवन के समस्त क्षेत्रों मंस एक तारतम्य स्थापित करने में सक्षम होगी।

अब जबकि मुझे कॉलेज से निकले हुए लगभग पचास साल होने को हैं, तो यह भाव जरूर आता है कि पिछली सदी की पढ़ाई ज्ञान की खोज की तरफ केंद्रित थी और आज की पढ़ाई रोजगार की खोज की तरफ। जब शिक्षा का उद्देश्य ही बदल गया तो उसी के अनुरूप संस्थान और संस्थान के शिक्षक भी बदल गए।

एक लड़की होने के बावजूद आज से पचास वर्ष पूर्व मेरे पिताजी ने मुझे पढ़ाने का निर्णय लिया जो वाकई एक प्रगतिशील निर्णय था। उस कदम ने न केवल मेरे लिए एक अच्छी उच्चतर शिक्षा का मार्ग प्रशस्त किया बल्कि मुझे जीवन में आत्मनिर्भर होने का मौका भी दिया। उसी शिक्षा के बल पर आज मैं संपूर्ण परिवार को पढ़ाने में सक्षम हुई हूँ।

स्कूल की घंटी बज चुकी थी और मेरी तीनों पोतियाँ भागती हुई स्कूल से बाहर आ रही थीं। गले लगते हुए बताने में लग गईं कि दिन भर क्या हुआ। स्कूल से आती-जाती हुई लड़कियाँ मनमोहक लगती हैं। आज जब अपनी तीन-तीन पोतियों को पढ़ते हुए देखती हूँ तो अपार हर्ष का अनुभव होता है। इसके साथ-साथ हृदय में एक आत्मसंतोष का भाव भी आता है कि अब वाकई लड़के और लड़कियों के भेद मिट रहे हैं। वह दिन दूर नहीं कि मेरी पोतियों के साथ-साथ भारत की तमाम बेटियाँ एक शिक्षित जीवन जी सकेंगी। आसमान खुला है और शिक्षारूपी पंख लगाकर लड़कियों को एक लंबी उड़ान लेनी है।

स्कूल उन दिनों

माँ की जुबानी-

बड़े-बड़े संत महात्माओं की अमृतमयी वाणी से ऐसा सुना है कि संपूर्ण जगत के शक्ति संचालक भगवान सूर्य के रथ में मात्र एक चक्र (पहिया) है। सूर्य का सारथी अरुण भी लंगड़ा है। फिर भी भगवान सूर्य प्रतिदिन इक्यावन लाख योजन (वैदिक काल की लंबाई मापन की एक इकाई) का चक्कर लगाते हैं और संपूर्ण जगत को प्रकाशित करते हैं। यह सूर्य देव का चक्कर साबित करता है कि किसी भी कार्य की सिद्धि पराक्रम से होती है, साधनों की अधिकता से नहीं। इस कथा के विवरण के पीछे मेरा कहने का मतलब यह है कि कोई भी काम करने के लिए इच्छाशक्ति चाहिए, संसाधन नहीं। संसाधनों के अभाव में भी सूर्य धर्मानुसार सारे ब्रह्मांड में घूमता है। ऐसा ही कुछ लागू होता है आजादी के बाद के दिनों की शिक्षा व्यवस्था के लिए। संसाधन कम थे लेकिन भगवान सूर्य की तरह पढ़ने की आग बच्चों में बहुत ज्यादा थी।

आज से साठ साल पहले मेरे शहर प्रतापगढ़ में टूटे-फूटे खंडहरों में विद्यालय चलते थे। कहीं भी किसी भी तरह की कोई व्यवस्था नहीं थी। विद्यालय में केवल तीन चीजें होती थी- मास्टर साहब, बच्चे और मास्टर साहब की छड़ी। मास्टर साहब लोगों की तो हर बात ही निराली होती थी। सब मास्टर साहब लोग राजा जैसी नौकरी करते थे। चाहे वे मोहन लाला हों या फिर गुलजारी पंडित। खेती-बारी का सारा काम निपटाने के बाद ही विद्यालय जाने की बात सोचते थे। लेकिन एक बार विद्यालय आने के बाद अनुशासन और पढ़ाई दोनों एक नंबर की होती थी। उस समय पढ़ाई के मामले में मास्टर साहब ही सब कुछ होते थे। माता-पिता का रोल पढ़ाई में न के बराबर होता था।

मेरे विद्यालय में दो इक्के थे जिसे भिखारी और सुखई चलाते थे और उन पर अमूमन बड़े लोगों के बच्चे ही बैठते थे। कोई ड्रेस नहीं होती थी। जिसकी जैसी स्थिति थी, वैसे कपड़े पहनकर विद्यालय आ सकते थे। कुछ बच्चे तो बिना चप्पल के ही विद्यालय आते थे।

संसाधनों के अभाव में उस समय शिक्षा व्यवस्था की स्थिति कुछ ठीक नहीं थी किंतु बच्चों में ज्ञानार्जन की ललक और पढ़ने की चाह में कहीं कोई कमी नहीं थी। महिलाओं की धोती की किनारी का हाथ से सिला गया झोला, तख्ती, सेंठा या नरकुल की कलम और दवात, मात्र यही ज्ञानार्जन के मुख्य साधन हुआ करते थे। खास बात यह है कि ये भी सब को सुलभ नहीं थे। ज्यादातर बच्चे घोर अभाव में ही स्कूल आते थे।

हर सुबह विद्यार्थी सवेरे से ही कलेवा (रात का बासी खाना) खाकर, कंधे पर झोला टाँगे, बैठने के लिए टाट की बोरी और तख्ती हाथ में लेकर बड़े उत्साह से विद्यालय पढ़ने आते थे। बच्चे पहले पहुँचकर मास्टर साहब के आने की बाट जोहते बैठे रहते थे। लंबे इंतजार के बाद गर्मियों में लगभग नौ बजे और सर्दियों में लगभग ग्यारह बजे तक पढ़ाई-लिखाई का काम शुरू होता था। लेकिन देर आए दुरुस्त आए का मुहावरा अपने ऊपर सटीक बैठाते हुए मास्टर जी पूरी लगन से पढ़ाते थे और बच्चे भी खूब मन लगाकर पढ़ाई करते थे। इतने कम समय में इतना सीख लेते थे कि मास्टर साहब के देर से आने की बात भी लोग भूल जाते थे।

विद्यालय में मास्टर साहब द्वारा बताई गई हर एक बात पत्थर की लकीर हो जाती थी। लिखावट पर विशेष ध्यान दिया जाता था। बच्चे पूरी तन्मयता से बहुत सुंदर लिखने की कोशिश करते थे और डरते हुए मास्टर साहब को दिखाते थे क्योंकि उन्हें पिटाई का डर बना रहता था और वही होता भी था। खराब लिखने पर मास्टर साहब अपनी मारने वाली छड़ी, जिसे 'गोदी' भी कहते हैं, से जमीन पर एक लाइन खींच देते थे जिसे जरता कहते हैं। उसी जरते पर खराब लिखने वाले बच्चों का हाथ रखवाकर उँगली पर जोरदार प्रहार करते थे जो उनके लिए असहनीय होता था। इस डर से बच्चे बहुत सुंदर लिखते थे।

प्रथम प्रहर की पढ़ाई के बाद खाने की छुट्टी का इंटरवल होता था।

इंटरवल का समय कभी-कभी कष्टदायक होता था तो कभी उत्साह से भरा हुआ। बच्चे पोटली में कच्चा दाना लाते थे और घंटी बजते ही दाने की पोटली लेकर भड़भूँजे के यहाँ उसे भुनाने के लिए दौड़ पड़ते थे। भड़भूँजा भी आधा दाना तो भुनाई के रूप में ले लेता था और बाकी भूनकर दे देता था। कभी-कभी तो छोटे बच्चे भुनवा भी नहीं पाते थे और घंटी बज जाती थी। बेचारे बच्चे भूखे ही रह जाते थे।

इसके बाद दूसरे प्रहर की पढ़ाई शुरू हो जाती थी। छुट्टी के एक घंटा पहले मॉनीटर के द्वारा इकाई-दहाई के साथ गिनती, अद्धा, पौना, सवैय्या और पहाड़ा आदि स्तर के अनुसार रटाया जाता था। न कोई परिधान न कोई सुविधा, फिर भी विद्यार्थी पूर्ण रूप से संतुष्ट और पढ़ाई में तल्लीन रहते थे। छुट्टी के दिन ही उन्हें ताजा खाने को मिलता था। पूरी पढ़ाई स्कूल में ही होती थी क्योंकि उन दिनों रात में लाइट नहीं हुआ करती थी। रात में पढ़ने के लिए मिट्टी के तेल की भी किल्लत रहती थी। प्रतिदिन ढिबरी या लालटेन जलाकर पढ़ाई करना भी संभव नहीं था।

जिसको पढ़ना होता है, वह पढ़ लेता है। फिर चाहे वह प्रतापगढ़ रहे या अमेठी। संसाधनों से पढ़ाई नहीं होती। संसाधन से मेहनती बच्चों को एक सहारा मिलता है। उन दिनों लोग रोजगार के लिए नहीं बल्कि ज्ञान के लिए पढ़ते थे। यही मूलभूत अंतर है जो आज के लोगों में दिख जाता है। अब पढ़ाई केवल रोजगार के लिए ही होती है। मेरे समय के स्कूल से हजारों लोग निकले जिन्होंने समस्त संसाधनों का उपयोग केवल ज्ञान के लिए किया। इतनी विकट परिस्थिति से जूझने के बाद भी विद्यार्थी हिम्मत नहीं हारते थे और हर परिस्थिति को झेलते हुए ज्ञानार्जन में अनवरत लगे रहते थे। इतनी मेहनत के बाद ही वो हीरे की तरह निखरकर निकलते थे।

कुल मिलाकर आज से पचास-साठ साल पहले स्कूल बहुत गरीब हुआ करते थे। स्कूलों में संसाधनों के नाम पर बस टीचर्स और छड़ी हुआ करती थी। टीचर्स पढ़ाते थे और छड़ी का भय बच्चों में पढ़ने का उत्साह पैदा करता था। संसाधनों की कमी के बावजूद एक स्वच्छंद माहौल हुआ करता था जिसमें बच्चे पिटते भी थे, पढ़ते भी थे और खुश भी रहते थे।

आज माहौल बदल गया है और सभी स्कूलों में अच्छी-अच्छी सुविधाएँ

आ चुकी हैं। टीचर्स के हाथों से छड़ी गायब हो चुकी है। आज भी बच्चे खूब मन लगातार पढ़ते दिखते हैं। परंतु कभी-कभी महसूस होता है कि अब पढ़ने में स्वच्छंदता कम हुई है। बचपन से ही बच्चों का भविष्य माता-पिता डिसाइड करने लगे हैं और जाने-अनजाने में माता-पिता बच्चों को स्कूल में अच्छा करने के लिए प्रेसराइज भी कर देते हैं। टीचर अब बैकग्राउंड में चला गया है।

पहले स्कूल में संसाधन बहुत कम थे लेकिन बचपन पलता था, अब स्कूलों में संसाधन बहुत हैं लेकिन बचपन एक्टिविटीज और भारी बैग के बीच में दबा जा रहा है। निश्चय ही आज पढ़ाई का महत्त्व बहुत बढ़ गया है और जीवन में आगे चलकर हर बच्चे को संघर्ष करना है। डार्विन ने सर्वाइवल ऑफ द फिटेस्ट का सिद्धांत देते हुए कहा था कि जो सबसे फिट रहेगा वही समाज में आगे बढ़ेगा। लेकिन सबसे बड़ा सवाल यही है कि सबसे ज्यादा फिट कौन है! जाने-अनजाने में दुनिया ने पढ़ाई में सबसे तेज होने को सबसे ज्यादा फिट मान लिया है।

मुंडन

माँ का कल शाम को फोन आया था। धर्मपत्नी से पूछ रही थीं कि बच्ची का मुंडन कब कराओगी। धर्मपत्नी ने कहा कि अभी बहुत गरमी है, बाद में करा लिया जाएगा। मैं समझ गया था कि माँ का मतलब मैडम समझ नहीं पाई हैं। माँ का कहने का मतलब था कि बिटिया के तीसरे साल में जाते ही मुंडन हो जाना चाहिए। मैं माँ की चिंता समझ गया था। अगले ही दिन मुंडन की व्यवस्था हो चुकी थी। नाऊ ठाकुर यानी कि आज का बार्बर घर पर आ चुका था। बड़ी बेटी बहुत उत्साहित थी कि छोटी बहन के बाल काटे जाएँगे। घर में एक अलग ही खुशी का माहौल था। सबके चेहरे पर रौनक थी।

घर की बगिया के सबसे कोमल फूल नवजात शिशु ही होते हैं और घर में इनके आने से ही हर तरफ एक रौनक-सी आ जाती है। नवजात शिशु का घर में आना जहाँ एक ओर खुशी का कारण होता है, वहीं दूसरी ओर उसका लालन-पालन एक बड़ी जिम्मेदारी लेकर आता है। अब जबकि शहरीकरण बढ़ रहा है और न्यूक्लियर फैमिली का चलन हो चला है, बच्चे बड़ा करना एक बहुत बड़ा चैलेंज है। शहरों की चकाचौंध में और छोटे होते परिवारों में बच्चे का जन्म और लालन-पालन बस एक जिम्मेदारी बनकर रह गया है। पहले यह एक उत्सव हुआ करता था। एक संस्कार था। संस्कृति का मुख्य हिस्सा था। सोलह संस्कारों में तीन संस्कार तो शिशु के जन्म के पहले ही हो जाते थे। शिशु का जन्म सिर्फ सीजेरियन ऑपरेशन और इन्क्यूबेटर तक ही सीमित नहीं होता था। वह समय था जब गाँव में विज्ञान कम था लेकिन सामाजिक समझ से ही नवजात शिशु का जीवन सँवर जाता था।

नवजात शिशु के होने पर घर में ही नहीं बल्कि पूरे गाँव में खुशी का माहौल छा जाता था। जन्म की प्रक्रिया में गाँव की बुजुर्ग महिलाएँ अपने

अनुभव से शिशु के जन्म में अहम योगदान देती थीं। छठी और बरही दो महत्त्वपूर्ण उत्सव होते थे। बुआ गाजे-बाजे के साथ बधावा लेकर आती थी और छठी की रात में बच्चे को काजल लगाती थी। उसके बाद बच्चे के माँ-बाप द्वारा बुआ को यथाशक्ति नेग (भेंट) दिया जाता था। ग्रामीण महिलाएँ रातभर मिलकर सोहर गीत गातीं और नृत्य करके अपनी खुशी व्यक्त करती थीं। उस समय उनका स्वागत और विदाई मात्र पान खिलाकर किया जाता था। नौवें या ग्यारहवें दिन बरही या निकासन (निष्कासन) का कार्यक्रम होता था, जिसमें यथाशक्ति दावत और गणमान्य लोगों को दान-दक्षिणा देने का भी नियम था। समूचे गाँव और रिश्तेदारी में शुद्ध घी और मेवे से बने लड्डू घर की महिलाओं द्वारा बनाकर भेजा जाता था, जो पारिवारिक खुशी का सूचक था। इस प्रकार बड़े भव्य अंदाज में और लंबे समय तक नवजात शिशु के स्वागत का कार्यक्रम चलता था।

शिशु के जन्मोत्सव के उपरांत उसके पालन-पोषण की प्रक्रिया, तौर-तरीके और खान-पान भी आज से बहुत भिन्न थे। जाड़े के दिनों में छोटे बच्चों की मालिश, उबटन सरसों के तेल में अजवाइन और हींग जलाकर, छानकर और उसे गुनगुना करके दिन में कम-से-कम चार बार की जाती थी। इससे बच्चे की हड्डी मजबूत होती थी। बच्चा स्वस्थ रहता था और उसे सर्दी नहीं लगती थी। अधिक ठंड से बचने के लिए माँ के दूध में जायफल घिसकर भी बच्चे को पिलाया जाता था। यह काम प्रायः घर की बुजुर्ग महिलाएँ प्रेम और कर्तव्य से सराबोर होकर करती थी। जितनी बार तेल लगता था उतनी बार उन्हें घर का बनाया हुआ काजल भी लगाया जाता था जिससे आँखें बड़ी-बड़ी होती थीं। मालिश के साथ-साथ नाक को भी सुडौल किया जाता था और प्रति दिन वही तेल बच्चे के कान में भी डालते थे। ठंडी के दिनों में नवजात शिशु को केवल तैलस्नान ही कराया जाता था।

कभी-कभी पेट संबंधी गड़बड़ी होने पर भूनी हींग दूध में घोलकर पिला दी जाती थी। दाँत निकलने के समय शुद्ध शहद मसूड़ों पर मल दिया जाता था। कहने का तात्पर्य यह है कि सामान्य परिस्थिति में डॉक्टरी इलाज न करके घरेलू इलाज ही किया जाता था। गर्मी में उबली सरसों के उबटन और सरसों की तेल की मालिश की जाती थी। मालिश की यह प्रक्रिया कम-से-कम दो

साल तक चलती थी। जब तक संभव होता था बच्चे को माँ का दूध ही दिया जाता था। आगे चलकर दूध-रोटी खिलाने पर विशेष जोर दिया जाता था। बड़े होने पर संयुक्त परिवार होने के कारण बच्चे अन्य भाई-बहन के साथ मिलकर खाते और खेल-कूदकर प्रेमपूर्वक रहते थे। इससे उनमें आपसी प्रेम-भाव भी अधिक रहता था।

वर्तमान परिवेश में ये सारे रीति-रिवाज लुप्त होते जा रहे हैं। आज नवजात शिशु का स्वागत घर की चारदीवारी तक ही सिमटकर रह गया है और शहरी जीवन में पुरानी सभी प्रथाएँ ऐसे ही लुप्त होती जा रही हैं। समाज में तरक्की बहुत जरूरी है और इसीलिए स्वास्थ्य सुविधाओं में हुई तरक्की से बच्चे का जन्म होना बहुत सुलभ हो गया है। अब जन्म के समय किसी माँ की जान नहीं जाती है और बच्चा अमूमन स्वस्थ भी रहता है। लेकिन वैज्ञानिक उन्नति के साथ-साथ उन संस्कारों का जीवित रहना भी बहुत जरूरी है जो जीवन के हर एक इवेंट को यादगार बनाते थे।

छोटे-छोटे बच्चों के परिवार में आने से जो खुशियाँ मनाई जाती थीं, वह अब लिमिटेड हो गई हैं। इंसान चाहे कितनी भी तरक्की करले, आज पुरातन संस्कृति और उससे जुड़ी अच्छी बातों को संजोकर रखने की बहुत जरूरत है। एक बालक-बालिका का जन्म केवल बेबी-शॉवर या बच्चे की मुँह दिखाई तक ही सीमित नहीं होना चाहिए। यह एक निरंतर खुशी का विषय है। इस खुशी को छठी, बरही, मुंडन, कान-छेदना, जनेऊ संस्कार, सालगिरह और न जाने किन-किन तरीकों से मनाया जाना चाहिए।

बेटी के रोने की आवाज आ रही थी और मुंडन पूरा हो चुका था। मन-ही-मन मैंने यह फैसला किया कि कुछ भी हो बेटी के लिए हर वह तीज-त्योहार मनाऊँगा जो समाज में पहले से मनाया जाता रहा है। किसी भी मान्यता को मरने नहीं दूँगा। रोते-रोते छोटी बिटिया गोद में आ चुकी थी। बड़ी बेटी उसके बिना बाल के सर पर हाथ फिरा रही थी और बोल रही थी कि गुदगुदी लग रही है। दोनों बेटियों के बीच में मैं नैसर्गिक आनंद में था।

रस्मों का बोझ

कल मेरी शादी को आठ साल पूरे हो गए। दोस्त और परिवार के लोग शादी की सालगिरह की बधाईयाँ दे रहे थे। माँ से भी बात हो रही थी। माँ बता रही थी कि कैसे शादी-विवाह का पूरा तौर-तरीका ही बदल चुका है। मैं भी माँ से सहमत था कि शादी-विवाह अब पहले जैसे नहीं रहे। मेरी शिकायत यह थी कि अब सब लोग शादी-विवाह को फॉरमैलिटी के रूप में लेते हैं और सब कुछ मैकेनिकल हो गया है। पहले की रस्में अच्छी होती थीं। लोग ज्यादा एंज्वॉय करते थे। माँ का मानना था कि जो रस्में तुम्हें खुशियाँ बिखेरने वाली लग रही हैं, उन्हीं रस्मों में लड़की वालों के लिए एक कष्ट छुपा रहता था। माँ की बातों को मैंने गहराई से समझने की इच्छा जाहिर की।

माँ की जुबानी-

यह बात है बीसवीं सदी के अंतिम दशकों की है, जब शादी-विवाह की रस्में लड़के वालों के लिए खुशी का सबब थीं। वही रस्में लड़की वालों के लिए चिंता का विषय हुआ करती थीं। माना कि आजकल लोगों में थोड़ी जागरूकता आ चुकी है और इसीलिए शादी में दहेज कुछ कम हुआ है, लेकिन पहले ऐसा नहीं था। यद्यपि यह एक खुशी का मौका होता था लेकिन गाँव और समाज में बेटी को हमेशा एक बोझ के रूप में ही देखा जाता रहा है। माता-पिता भी यही कोशिश करते थे कि कैसे भी करके बेटी का विवाह हो जाए तो उन्हें मुक्ति मिले। ऐसा नहीं है कि बेटी से प्रेम कम था लेकिन समाज की विचारधारा में ही कुछ कमी थी जिससे बेटी को बोझ ही माना जाता था। पढ़े-लिखे लोगों में भी बेटे-बेटी के बीच में भेदभाव करते हुए देखा गया है।

किसी भी पिता के लिए बेटी की शादी करना एक बहुत बड़ी लड़ाई जीतने के बराबर था। जिस दिन से रिश्ता तय होता था उसी समय से लेन-

देन का सिलसिला चालू हो जाता था। लड़के वालों का दहेज का लोभ भी बेहिसाब और लाजवाब होता था। सबसे पहले वरीक्षा की रस्म होती थी जिसमें चाँदी की तश्तरी में जनेऊ और यथाशक्ति अथवा तय की गई धनराशि भेंट की जाती थी। साथ-ही-साथ घर के सभी सदस्यों, रिश्तेदारों और पट्टीदारों को भी कुछ भेंट देनी पड़ती थी। शादी के चंद दिनों पहले घर में शादी का मंडप लगने के बाद तेलवाई भेजने की प्रथा थी जिसमें पीतल के घड़े में सरसों का तेल भरकर और फिर उसमें चाँदी के कुछ सिक्के डालकर लड़के के घर भेजा जाता था।

शादी के दिन शाम को गाजे-बाजे के साथ जब बारात दरवाजे पर पहुँचती थी तो अगवानी की रस्म अदा की जाती थी। तत्पश्चात द्वारपूजा का कार्यक्रम होता था। उसके बाद बारातियों का भोजन होता था, किंतु भोजन के पहले कुछ रिश्तेदारों को भतखवाई की रस्म के दौरान सोने-चाँदी के बरतनों के साथ मुद्रा देने की अनिवार्यता थी। इसके बाद पाँव-पुजाई की रस्म घंटों चलती थी जिसमें पैसा बटोरने के लिए लड़के वाले एकदम तैयार रहते थे। तत्पश्चात शादी का कार्यक्रम शुरू होता था और रात भर कोई-न-कोई रस्म चलती रहती थी। सभी रस्मों में पैसे का रोल तो रहता ही था।

शादी का दूसरा दिन टिकाई का होता था। एक दिन लड़के वाले पूरा दिन लड़की वालों के यहाँ रुकते थे। अब यह प्रथा खत्म-सी हो गई है। टिकाई के दिन बारातियों को कच्चा खाना (दाल, पूड़ियाँ, चावल, साबुत उड़द की दाल, शुद्ध घी चुपड़ी रोटी, मट्ठे में भीगा दही बड़ा, खट्टी कढ़ी, मीठी कढ़ी आदि) खिलाया जाता था जो घर की महिलाएँ मिल-जुलकर बनाती थीं। इसी क्रम में कुछ खास संबंधियों के साथ दूल्हे को खिचड़ी खिलाने की रस्म भी होती थी, जो मंडप में संपन्न होती थी। खिचड़ी की रस्म तो इतनी दहशत भरी होती थी कि लड़की वालों के पसीने छूट जाते थे। इस रस्म में भोजन परोसने के पश्चात उस समय के कीमती सामान जैसे साइकिल, घड़ी, रेडियो, सोने की अँगूठी, जंजीर, हंडा, खखरा, बटुआ आदि पीतल के बड़े बरतन हैसियत के अनुसार मंडप में रखे जाते थे। यदि दहेज की माँग के अनुसार लड़के को सामान मिल गया तब वह भोजन करना शुरू कर देता था वर्ना उसकी माँग को या तो पूरा करना पड़ता था या भविष्य में पूरा करने का वादा करना पड़ता

था। साथ-ही-साथ दूल्हे के साथ खाने पर बैठे अन्य लोगों को भी भेंट दी जाती थी। दूल्हे के खाना शुरू करने के पश्चात ही बाकी लोग खाना खाते थे।

इस तरह खिचड़ी की रस्म के तुरंत बाद थैली की रस्म अदायगी होती थी जिसमें परिवार की महिलाएँ, रिश्तेदार और पड़ोसी महिलाएँ शीशा, कंघी, तेल, साबुन, रुमाल, रुपए एवं अन्य प्रसाधन के सामान दूल्हे को भेंट करते थे। इसके तुरंत बाद अँचरधराई की रस्म होती थी। दूल्हा तब तक घर की महिलाओं का आँचल नहीं छोड़ता था जब तक कि उसे उसके मन मुताबिक भेंट नहीं मिल जाती थी।

रात्रि भोजन के बाद तीसरे दिन विदाई का दिन होता था जिस दिन समधी लोगों की माँडव हिलाई (शादी का मंडप हिलाना) और देहरी डकाई (लड़की के घर से बाहर निकलना) की रस्म पूरी की जाती थी। माँडव हिलाई में लड़के के घर वाले मंडप हिलाते थे और उस पर से पैसे गिरते थे। देहरी डकाई में लड़के वाले लड़की वाले के घर से बाहर निकलते थे और इसमें भी पैसा देना होता था। सभी रस्में हमेशा धन के आस पास ही घूमती रहती थीं।

सबसे अंतिम में घर की महिलाओं और पुरुषों के द्वारा दान देकर और चरण स्पर्श कर लड़के वालों को विदा कर दिया जाता था। इस तरह लड़की के विवाह की अनगिनत रस्में होती थीं जिसको पूरा करते-करते लड़की के परिवार का बुरा हाल हो जाता था। शादी होने के बाद लड़के वाले सभी साज-सामान के साथ अपने घर को निकल जाते थे। तब शादी के दिन ही लड़की की विदाई नहीं होती थी। कुछ सालों का बाद लड़की की विदाई होती थी। इस रस्म को हम गौना बोलते थे।

गौने की बारी कुछ सालों के बाद आती थी। लड़की की शादी अमूमन नौवें या ग्यारहवें साल में होती थी। इसी हिसाब से गौना भी शादी के तीसरे या पाँचवें साल में दिया जाता था। शादी और गौने के बीच में अगर लड़की के ससुराल में कोई भी उत्सव पड़ता था तो उसमें भी आर्थिक सहयोग करना अनिवार्य था।

गौने को शादी का आधा माना जाता था, अतः जो व्यवस्था शादी में की जाती है उससे कुछ कम गौने में भी करना पड़ता था। वैसा ही स्वागत,

वैसे ही खानपान। अंतर केवल इतना था कि इस में दहेज देने की बाध्यता नहीं थी किंतु लड़की को गृहस्थी का सारा सामान दिया जाता था जो कि हर माँ-बाप की इच्छा भी होती थी। माँ-बाप जानते थे कि इसके बाद बेटी विदा हो जाएगी।

ससुराल से जब लड़की पहली बार मायके आए और वापस ससुराल जाए तो उस रस्म को थौना कहा जाता था। इसे गौने का अधियाउर अर्थात गौने का आधा माना जाता था। गौने में पलंग, रजाई, गद्दा, तकिया दिया जाता था तो थौने में दरी और चादर। कपड़ा, बर्तन, राशन आदि भी थोड़ी बहुत मात्रा में देना आवश्यक माना जाता था।

माता-पिता की लड़की की सामाजिक बंधन वाली विदाई का अंतिम पड़ाव पहिल पठौनी का होता था। इसमें भी कुछ-न-कुछ देकर ही विदा करने की अनिवार्यता है। कपड़ा और मिठाई की भेंट दी जाती थी। इस तरह शादी, गौना, थौना और अंत में पहिल पठौनी, कुल मिलाकर चार बार लड़की वालों को बेटी की शादी में खर्चा करना पड़ता था। और इतना करने के बाद लड़की का सारा सुख-दुख माँ-बाप उसके भाग्य पर छोड़ देते थे। लड़की के ससुराल में किसी तरह का कोई हस्तक्षेप करने की हिम्मत उनमें नहीं होती थी। वैसे भी बातचीत के मौके भी कम मिलते थे। इसलिए संबंधों में कभी कोई दरार नहीं आती थी। माता-पिता अपनी बेटी को इतनी हिदायत देकर विदा करते थे कि अपना कष्ट अपने पास ही रखना। यहाँ पर आकर हम लोगों से कुछ भी बताने की कोशिश मत करना। इस कारण वह ससुराल को ही अपना घर समझकर तालमेल लगाकर आराम से रहती थी। वहाँ के लोग ही अपने माता-पिता और भाई-बहन हो जाते थे। एक तरीके से यह परिवार को जोड़ने का बहुत बड़ा कारण होता था। मेरी पड़ोस की एक बुआ थी जिनकी शादी बस्ती जिले में हुई थी। गौने के बाद जब वह पहली बार मायके आई तब अपने बीस-बाइस साल के बेटे के साथ आई थी।

पैसे की कमी के कारण लोग लड़कियों को जल्दी मायके नहीं बुलाते थे क्योंकि साधारण विदाई में भी खर्चा करना पड़ता था। साल, दो साल में कभी त्योहार या किसी उत्सव में ही बुलाया जाता था। सुख-सुविधा और धनाभाव के कारण लड़कियों के प्रति अपने माँ-बाप का दायित्त्व निश्चय ही

बहुत कठिन था। यही कारण था कि घर परिवार और समाज में लड़कियाँ धीरे-धीरे बोझ बनती गईं।

माँ की आँखों से आँसू बह रहे थे और मुझे भी पहली बार समाज के किसी नियम से नफरत-सी हुई। सारी रस्में समाज में खुशी के लिए और विवाह उत्सव को मजेदार बनाने के लिए बनाई गई थी परंतु कब इन्हीं रस्मों ने एक लालच का रूप ले लिया पता ही नहीं चला। ऐसी कोई भी प्रथा जो किसी को भी कष्ट दे वह मेरी संस्कृति का हिस्सा नहीं हो सकती है। कितनी क्रूर रही होंगी ये रस्में कि लोगों ने बेटियों को दहेज के डर से मारना शुरू कर दिया था। मेरे बगल में ही मेरी दोनों बेटियाँ कुछ लिखने की कोशिश कर रही थीं। दिल-दिमाग में एक ही खयाल आया कि मेरी जिंदगी की सबसे बड़ी पूँजी हैं मेरी लड़कियाँ। ये कभी बोझ नहीं हो सकतीं। बेटियाँ केवल आनंद और वात्सल्य का रूप हैं और ये माँ-बाप को जिंदगी भर खुशियाँ दे सकती हैं। शाम ढल चुकी थी। मेरी धर्मपत्नी के लिए शादी की सालगिरह का मेरा सरप्राइज गिफ्ट आ चुका था।

वर्तमान

ट्रेनिंग के दिन

कभी सोचा नहीं था कि इस जीवन में इतना कुछ मिलेगा। बचपन से ही जिस नौकरी का सपना देखा, वह मुझे मिली। माताजी को सम्मान मिला, पिता का सपना पूरा हुआ और भाइयों को अपार खुशी मिली। ऐसा लगा अब सबकुछ पा लिया है इस दुनिया में। मध्यम वर्ग में जन्म हुआ, माता-पिता जीवन भर संघर्ष ही करते रहे और बचपन कठिनाइयों में बीता। इस बैकग्राउंड के साथ जब आप सिविल सेवा का एग्जाम पास करते हैं तो जाहिर है कि खुशी मिलती है। मैं भी बहुत खुश था और मानो सातवाँ आसमान भी मुझसे नीचे ही था। अमूमन सभी लोग जीवन में मनचाही सफलता पाने के बाद मेरे जैसा ही फील करते होंगे। मई 2010 में आईएएस एग्जान का रिजल्ट आया और मेरी रैंक के हिसाब से मुझे इन्कम टैक्स (आयकर) कैडर एलॉट हुआ।

जिस दिन आईएएस की ट्रेनिंग के लिए दिल्ली से रेलगाड़ी पकड़ी, उस दिन जिंदगी के रास्ते पर एक नया मोड़ था। शुरुआती दिनों में तीन माह का फाउंडेशन कोर्स मसूरी और हैदराबाद में करने के बाद मैं नागपुर पहुँचा। आईएएस एग्जाम से सिविल सेवा में भारत सरकार के बीस विभिन्न विभागों के लिए अफसर चुने जाते हैं। रैंक के हिसाब से विभाग मिलता है और इसीलिए विभागीय ट्रेनिंग अलग-अलग शहरों में स्थित राष्ट्रीय अकादमियों में होती है। कलेक्टर की ट्रेनिंग मसूरी अकादमी में, पुलिस की ट्रेनिंग हैदराबाद अकादमी में, आयकर की नागपुर अकादमी में और रेलवे की बड़ौदा अकादमी में होती है। इसी तरह विभिन्न शहरों में अन्य सेवाओं की ट्रेनिंग होती है। इसीलिए मुझे आयकर की विभागीय ट्रेनिंग के लिए नागपुर आना था।

नागपुर पहुँचने के बाद एक अलग ही दुनिया में प्रवेश किया। पहुँचते ही यह एहसास हुआ कि आप विशिष्ट हैं। नागपुर में स्थित राष्ट्रीय प्रत्यक्ष

कर अकादमी यानी नेशनल एकाडमी फॉर डायरेक्ट टैक्सेज (एन.ए.डी.टी.) आयकर विभाग का मक्का है। भारतीय राजस्व सेवा यानी कि आई.आर.एस. की राष्ट्रीय अकादमी यही है। सपनों के पूरे होने का शहर नागपुर और पूरे होते सपनों को रोज जीने की जगह एनएडीटी नागपुर।

जीवन को सुलभ बनाने का हर इक इंतजाम इस अकादमी में है। यहाँ ऑफिसर को तराशा जाता है जिससे कि भविष्य में देश को चलाने में वह पूरे तरीके से सक्षम बन सके। सुबह पाँच बजे से लेकर शाम पाँच बजे तक हम लोगों की ट्रेनिंग होती थी। सुबह मॉर्निंग पीटी से होती थी और आखिरी क्लास पीपीटी पर जाकर खत्म होती थी। दिनचर्या कठिन थी, लेकिन यही मेरा सपना था।

वैसे तो अकादमी की हर इक जगह खूबसूरत यादों से भरी पड़ी है लेकिन यहाँ की एक खास जगह का जिक्र बहुत जरूरी है और यह जगह थी मीटिंग प्वॉइंट। वैसे तो मीटिंग प्वॉइंट एक कैंटीन थी, लेकिन हम उसे मीटिंग प्वॉइंट के नाम से ही जानते हैं। हर कॉलेज, हर अकादमी में एक ऐसी जगह जरूर होती है जहाँ पर सब साथ होते हैं और जहाँ की खुशियों भरी यादों का फोटोफ्रेम हमारे दिल-दिमाग में छप जाता है। अमूमन यह जगह कैंटीन ही होती है जहाँ चाय की चुस्कियों पर ठहाके लगते हैं, जहाँ दुनिया भर की बातें होती हैं और जहाँ आज उधार और कल भी उधार ही चलता है। साल बीत जाते हैं, लोग बदल जाते हैं पर ये जगहें नहीं बदलती हैं। मीटिंग प्वॉइंट भी ऐसी ही एक जगह है जो साल-दर-साल नए ऑफिसर्स का खयाल रखती है।

मीटिंग प्वॉइंट हर बैच की तमाम गुजरती शाम का गवाह है। हम सभी बैचमेट्स भी अपनी शाम एक साथ वहीं गुजारते थे। वहाँ हर तरह की वस्तुएँ खाने-पीने के लिए मौजूद रहती हैं। कभी कोई नींबू पानी पीते हुए बॉस को दिल्ली वाली गालियाँ देता। कोई फोन पर माशूका के साथ लगा रहता। कोई फेमिनिस्ट ऑफिसर अकेले ही मैगी पर लगी रहती। कोई सिगरेट के धुएँ में दुनिया भाड़ में जाए के मूड में रहता। तो हम जैसे कुछ बीयर के साथ ट्रेनिंग के कठिन दिनों में भी जीवन के मजे लेने की कोशिश करते रहते थे। ट्रेनिंग के दिनों का शेड्यूल चाहे बॉस कुछ भी बना दे, लेकिन शाम का शेड्यूल तो हमेशा हम ही बनाते थे और उसमें ज्यादा छेड़छाड़ की गुंजाइश नहीं होती

थी। बियर के बाद सामाजिक-राजनीतिक बहसें या फिर बियर के पहले सामाजिक-राजनीतिक बहसें। बियर वाज ऑफ प्राइम इम्पोर्टेंस। अमूमन वीकेंड नागपुर सीताबल्डी के मल्टीप्लक्स में ही गुजरता था। सिविल सेवा की कठिन तैयारी वाले चार-पाँच सालों के बाद अकादमी के सोलह महीने बहुत ही खुशगवार गुजरे और इसमें खासतौर पर मीटिंग प्वॉइंट पर गुजरा समय ज्यादा यादगार रहा है। कब ट्रेनिंग खत्म हो गई पता ही नहीं चला। लेकिन याद अभी भी एकदम तरोताजा है।

आज भी ऐसा लगता है कि मानो कल की ही बात हो जब मुखर्जी नगर के उस छोटे से कमरे से निकलकर मैं राष्ट्रीय प्रत्यक्ष कर अकादमी के इस बेहतरीन कैंपस में दाखिल हुआ था। सब कुछ एक सपने की तरह लग रहा था। वही सपना जो मैंने देखा, जो सपना मुझसे पहले भी लोगों ने देखा और शायद आज इस समय भी लाखों स्टूडेंट्स देख रहे होंगे। एनएडीटी उस सपने के सच होने का पहला पड़ाव था और उस समय की यादें आज भी वैसी ही हैं। शायद आज वहाँ जो भी अधिकारी होंगे, वे मेरी तरह ही महसूस कर रहे होंगे। एनएडीटी, तुम प्रतीक हो, पहले परिचय का, प्रेम का, सहयोग का, उम्मीद का, पहली किरण का और शायद जीवनभर के अटूट बंधन का।

विदिशा

सरकारी नौकरी के चलते वैसे तो मुझे कई बार इलाहाबाद से दूर जाना पड़ा और हर बार दिल में यही कौतूहल रहता था कि कब वापस इलाहाबाद नगरी के दर्शन होंगे। इलाहाबाद से दूर रहने का खयाल-मात्र ही मेरे दिल-दिमाग को कष्ट देता था। लेकिन एक बार ऐसा मौका भी आया जब इलाहाबाद से दूर होने के बाद एक ऐसा शहर देखने को मिला जो हृदय को प्रभावित कर गया।

इस शहर के बारे में न ज्यादा सुना था और न ही ज्यादा पढ़ा था। यह शहर था विदिशा, जैसा सुंदर नाम वैसी ही सुंदर नगरी। शाम को इलाहाबाद से कामायनी एक्सप्रेस पकड़ी और बारह घंटों के पश्चात विदिशा शहर मेरे सामने था।

बचपन में इतिहास की किताबों में सम्राट अशोक के बारे में पढ़ते समय मैं केवल इसके नाम से परिचित था। इस शहर की अन्य कोई खास जानकारी मुझे नहीं थी। लेकिन यहाँ आने के बाद से ही मन में इस शहर को देखने की प्रबल इच्छा और उत्सुकता थी। यह भी जानने का मन किया कि जब शासक इतना उदार, दूरदर्शी और शांतिप्रिय था तो उसकी नगरी और प्रजा कैसी होगी?

विदिशा पहुँचते ही ऐसा एहसास हुआ कि जैसा शांतिप्रिय शासक था वैसी ही शांति इस नगरी में भी दिखाई दे रही है। महान सम्राट अशोक की नगरी विदिशा वास्तव में अपने नाम और गुण को पूर्ण रूप से चरितार्थ करती है। जैसा ऐतिहासिक नाम वैसे ही इतिहास की महक आप नगर के हर इक कोने में महसूस कर सकते हैं। गजब के लोग हैं यहाँ के, प्रेम और आत्मीयता से भरपूर। लगता ही नहीं था कि किसी से पहली बार मुलाकात हो रही है।

विदिशा के लोगों की मानवता, आस्था, एक-दूसरे के प्रति हार्दिक प्रेम और सरस एवं सरल स्वभाव को देखकर और जीकर केवल महसूस किया जा सकता है, व्यक्त करना असंभव-सा लगता है।

स्टेशन पर पहुँचते ही यदि किसी को भी पता चल जाए कि आप इलाहाबाद से आ रहे हैं तो गदगद होकर चरणस्पर्श करना और चाय पिलाना उनकी पहली प्राथमिकता होती है। इलाहाबादियों के स्वागत का मौका मिल जाने पर वे स्वयं को धन्य समझकर अपनी कृतज्ञता व्यक्त करते हैं। वहाँ की जनता की ऐसी धारणा है कि पवित्र स्थानों से आने वालों की संगत से कुछ पवित्रता के भाव स्वयं में भी आ जाते हैं। ऐसे सहृदय लोगों में सभी के प्रति वही दया, ममता, प्रेम, कर्तव्यनिष्ठता और सहानुभूति दिखाई देती है जो वसुधैव कुटुंबकम् की भावना को जागृत करने के लिए उत्प्रेरित करती है। उनके लिए जान-पहचान और संबंध का कोई मतलब नहीं है। वैसे तो मुझे विदिशा निवासियों से अगाध आदरभाव मिला लेकिन मुझे हमेशा यह प्रतीत हुआ कि विदिशा के लोग इलाहाबाद की पावन गंगा से भी ज्यादा पवित्र और निश्छल हैं।

धार्मिक भावना यहाँ के बच्चे, बुजुर्ग, स्त्री-पुरुष सभी में कूट-कूटकर भरी हुई है। छोटे-छोटे बच्चों को भगवान की आरती कंठस्थ है। रोज की दिनचर्या का पालन करते हुए शाम से ही मंदिर में आरती के लिए सभी लोग पहुँच जाते हैं। नवरात्र के दिनों में तो यहाँ के लोगों की भक्ति भावना अपनी पराकाष्ठा पर दिखाई देती है। प्रात:काल से ही छोटे-छोटे बच्चे लोटे में जल लेकर नंगे पाँव माता के मंदिर में जल चढ़ाने पहुँच जाते हैं। बेतवा नदी का तट जयकारे से भरपूर गूँजता रहता है।

रेलवे स्टेशन से लगभग नौ या दस किलोमीटर की दूरी पर है विश्वप्रसिद्ध साँची का स्तूप है जिसकी नींव सम्राट अशोक के द्वारा ही रखी गई थी। यह भी विदिशा नगर की तरह शांतिपूर्ण स्थान है जो भगवान बुद्ध के जीवन और उनके आदर्श को जीवंत करता है। शायद कभी वनवास के समय पांडव भी यहाँ रहे थे। इसीलिए भीम का अति विशाल आकार वाला गुल्ली डंडा भी जनता के दर्शनार्थ रखा हुआ है जो उनकी असीम शक्ति का परिचायक है और पुराने खेलों की याद को ताजा करता है। इससे यह भी पता चलता है कि

गुल्ली डंडे का खेल महाभारत काल से ही प्रचलित रहा है।

दिल के इतने धनी, संस्कारी और कर्मठ होने के बावजूद भगवान की दया दृष्टि से यह नगर थोड़ा दूर-सा हो रहा है। यहाँ साल के बारह महीने पानी की कमी रहती है और इससे खेती और पशुपालन नगण्य हो गया है। परिणामस्वरूप बेरोजगारी, निरक्षरता और निर्धनता अधिक दिखाई देती है। कृषि के नाम पर विदिशा नगर शून्य के आसपास ही है। यहाँ का गेहूँ विश्वप्रसिद्ध है। इतने चिकने दाने होते हैं कि मुट्ठी में लेते ही रेशम की तरह फिसलने लगते हैं। किंतु यह विडंबना ही है कि यहाँ साल भर में केवल गेहूँ की एक फसल होती है और उस पर भी पानी की मार बार-बार गेहूँ की फसल को खराब करती है। गरीब बेहाल जनता और किसान दूर-दूर तक पानी की तलाश में दिन-रात घूमते रहते हैं। सरकारी तंत्र अमूमन फेल ही रहता है और यहाँ पर जीवन निर्वाह करना हमेशा एक चुनौती है। इसके बावजूद तमाम परेशानियों को दिल में दबाए विदिशा के लोग कभी भी मुस्कुराना नहीं भूलते।

एक और विचित्र समस्या आती है यहाँ पर। आपको भी पढ़कर अजीब लगेगा और हो सकता है कि आपने ऐसी समस्या कभी सुनी भी ना हो। पहली बार मुझे भी अजीब लगा था। यह समस्या है कीड़े-मकोड़ों की। मौसम यहाँ सामान्य ही रहता है, न अधिक गर्मी होती है और न ही ज्यादा ठंड होती है। मालवा के पठार से घिरा होने के कारण थोड़ी-सी भी गर्मी बढ़ जाने पर यहाँ के आसपास की पहाड़ियाँ फट जाती हैं। इन फटती पहाड़ियों में से काले झींगुर और काले जहरीले बिच्छू बहुत निकलते हैं। झींगुर इतने ज्यादा आते हैं कि उनके कारण लोगों को बड़े-बड़े उत्सव और विवाह आदि को भी निरस्त करना पड़ा है। विवाह आदि के महीने भर पहले से लोग इस इंतजाम में लग जाते हैं कि अगर काले झींगुर आ गए तो कैसे निपटा जाएगा। विदिशा के लोगों के बीच रहने पर यह पता चला कि जीवन वाकई मुश्किल है। साथ ही यह एहसास भी हुआ कि तमाम मुश्किलों के बावजूद भी यहाँ के लोग खुशी से जीते हैं।

तमाम तकलीफों के बावजूद मुझे यह महसूस हुआ कि विदिशा नगरी विशिष्ट है और यहाँ के लोग बेहतरीन हैं। नौकरी में अपने प्रदेश को छोड़कर

मुझे तमाम जगहों पर रहने का मौका मिला। उन समस्त जगहों का आचार-विचार, रहन-सहन और संस्कृति का पारस्परिक विश्लेषण करने पर मैंने यह अनुभव किया कि जो प्रेम, सौहार्द्र, सहानुभूति, कर्तव्यनिष्ठा और सरलता विदिशा की धरती को प्राप्त है वह मुझे संपूर्ण देश में कहीं और देखने को नहीं मिलती। विदिशा नगरी में मानवता का यह वरदान मानो ईश्वर की देन है। जब भी कभी कहीं घूमने का मन करता है तो विदिशा बरबस ही याद आ जाता है। राम का राज्य अवध में है किंतु राम के तमाम आदर्श जीवित हैं विदिशा में। राम के आदर्शों और अशोक की अहिंसा का संगम देखने को मिलता है विदिशा की जीवनशैली में।

आज भी सुन सकता हूँ नवरात्र में बेतवा नदी की कलकल बहती धारा के बीच में मंजीरों की ध्वनि! आज भी महसूस करता हूँ साँची के स्तूप पर बिखरी शांतिदूत बुद्ध की अनुभूति। इलाहाबाद नगरी से दूर एक और इलाहाबाद नगरी लगती है मुझे मेरी विदिशा। ऐसा प्रतीत होता है कि अगर मेरा जन्म इलाहाबाद में नहीं होता, तो निश्चित ही विदिशा में होता। जीवन को खुशनुमा यादों से समृद्ध करने के लिए विदिशा शहर को मेरा सलाम। जल्द ही आऊँगा तुम्हारी मिट्टी को नमन करने।

नोटबंदी और चवन्नी

जिंदगी में एक ही चीज स्थिर है और वह है बदलाव। इंसान की जरूरतें भी समय के साथ बदलती रहती हैं। बचपन में कुछ और प्यारा होता है, जवानी में जरूरतें बदल जाती हैं। जरूरतें ही जीवन में इंसान को फँसाए रखती हैं और इंसान हमेशा उलझा रहता है। पैसा ही एक ऐसी चीज है जिसकी कीमत समय के साथ-साथ बदलती रहती है। करोड़ों रुपए होने के बावजूद लोग परेशान हैं तो कोई गरीबी में भी मस्त रहता है। उम्र के हर पड़ाव पर अमीरी के मापदंड बदलते रहते हैं। एक समय ऐसा भी था कि बचपन में यदि हमें कभी कहीं से एक भी पैसा मिल जाता था तो लगता था कि सारी दुनिया की दौलत मिल गई है और उसको संभालकर रखने में ही मन उलझा लगा रहता था। उसके लिए हम पचास बार जेब चेक करते थे कि वह पैसा सुरक्षित है या नहीं।

पिछली सदी के अस्सी के दशक में एक पैसा, दो पैसा (अधन्नी) चार पैसा (एकन्नी) आठ पैसा (दुवन्नी) चवन्नी और अठन्नी तक के सिक्के चलते थे। एक या दो रुपए के नोट भी चलते थे। एक पैसा में ही बच्चों के खाने योग्य बहुत-सी चीजें आराम से मिल जाती थीं। हमारे लिए एक पैसा ही बहुत बड़ी दौलत हुआ करती थी। मॉल आने के पहले हर गली हर नुक्कड़ पर मौजूद दुकानों से हमें लेमनचूस मिल जाता था। लेमनचूस को बाद में टॉफी और आजकल ऑरेंज कैंडी भी बोलते हैं। हमारे समय में लेमनचूस ही बोलते थे। लेमनचूस के साथ-साथ बच्चों को सर्दियों में मूँगफली और गर्मियों में बर्फ के गोले आसानी से उन्हीं पैसों में आसानी से मिलते थे। तब बच्चों के पास भी बाहर खाने-पीने के ऑप्शंस कम होते थे।

स्कूलों के बाहर पच्चीस और पचास पैसे में खट्टे-मीठे चूरन खूब मिलते

थे। एक दोस्त ने खरीद लिया तो दो-तीन दोस्त आराम से चटखारे लेते हुए उसका स्वाद ले लेते थे। साथ में यह याद भी दिलाया जाता था कि कल मैंने तुम्हें खिलाया था तो आज तुम्हारी बारी है। अगर सुबह घर से कुछ पैसे मिल गए तो दिनभर एक हाथ जेब में ही रहता था और दिल-दिमाग सिर्फ स्कूल खत्म होने का इंतजार करता था।

कभी-कभी हमारे मोहल्ले में साइकिल पर बोरी में मूँगफली लिए एक मूँगफली वाला भी आता था। वह पैसे के साथ-साथ रद्दी कागज के बदले में भी मूँगफली देता था, जिसे देखते ही सब बच्चे रद्दी कागज की तलाश में जुट जाते थे। कभी-कभी दोस्तों की कॉपी चुराकर इस मूँगफली वाले को देकर मूँगफली मजे से खाई जाती थी। कागज की मात्रा के अनुसार वह दो चार मूँगफली हम बच्चों को पकड़ा देता था और सब ऐसे खुश हो जाते थे मानो बहुत बड़ा खजाना मिल गया हो। कुल मिलाकर जीवन में बहुत थोड़े से पैसे भी अपार खुशी देते थे। पूरा बचपन ऐसे ही चवन्नी-अठन्नी से बटोरी गई खुशियों से भरा पड़ा है। आज बचपन और बचपन की खुशियों के मायने बदल गए हैं। आज तो पाँच सौ और हजार रुपए के पिज्जा-बर्गर बचपन में भी घुस चुके हैं।

हाल में ही जब बड़ी नोटबंदी हुई और पूरे देश को बड़े-बड़े नोट बदलने के लिए परेशान देखा तो मुझे सहसा मेरे बचपन की दौलत चवन्नी-अठन्नी याद आ गई। जो खुशी उनमें थी, शायद वह आज के क्रेडिट कार्ड की किसी भी लिमिट की पहुँच से बाहर है।

बुद्ध की राह

पिछले दो-तीन वर्षों में ऐसे कई समाचार आए जिसमें संपन्न घरों के लोगों ने और खासकर ब्यूरोक्रेट्स ने वैवाहिक जीवन की परेशानियों से तंग आकर स्वयं को ही समाप्त कर लिया। वैसे आम लड़ाई-झगड़े और तलाक के किस्से तो अब नॉर्मल बात हो चुके हैं, लेकिन ऐसे मामलों में जीवन का अंत होना दुखदायी है। इसी गहन चिंता में डूबे हुए मुझे लगा कि खुद के वैवाहिक जीवन पर भी चिंतन करने की जरूरत है।

शादी के मंत्र पढ़े हुए दस साल बीत चुके हैं। पहले लोग बोलते थे कि बस अच्छे घर में शादी हो जाए, तो सब बढ़िया हो जाता है। वह अच्छा घर मैं आज तक ढूँढ़ रहा हूँ। कुछ लोगों का यह भी मानना है कि अगर आर्थिक स्थिति ठीक हो तो जोड़ियाँ अच्छी चलती हैं। इससे थोड़ी-सी यह फीलिंग मिलती है कि अच्छा घर मतलब पैसे वाला घर। लेकिन जैसे-जैसे आप समाज में ऊपर की ओर बढ़िए तो एहसास होता है कि पैसा शादी नहीं चला सकता और शादी-विवाह सात जन्मों के लिए भी नहीं होता है। वह सिर्फ इसी जन्म के लिए है और इसी जन्म में अगर बिना किसी बवाल के जिंदगी कट जाए तो आप बहुत भाग्यशाली हैं। मैंने देखा है अपने आसपास बेहिसाब पैसे वालों के घरों में शादियाँ टूटते हुए। हमारी नौकरशाही में भी तलाक और इधर-उधर के रिलेशनशिप खूब चलते रहते हैं। मुझे लगता है कि यह सब सदियों से चला आ रहा है। आज अंतर बस इतना है कि अब सब कुछ पारदर्शिता के साथ होता है।

तो सोचा कि आज बैठे-बैठे अपने वैवाहिक जीवन का करेंट स्टेटस और वैल्युएशन करना चाहिए। पता तो चले कि शादी चल कैसी रही है। दस साल लंबा समय होता है और अगर कोई खामियाँ हैं तो उन्हें दूर कर लेने में

ही अपना हित है। इन्हीं खयालों में डूबता-उतरता, अपने आसपास के लोगों के घरों में महाभारत के संजय की तरह झाँकते हुए मुझे ज्ञान की प्राप्ति का एहसास हुआ।

मैंने देखा कि कुछ बैचमेट एक विवाह से खुश हैं, तो दूसरे कुछ लोग दूसरा विवाह करके भी खुशी-खुशी अपना जीवन जी रहे हैं। हमारे साथ के कई खुशनुमा प्रेमी युगल आजकल अलग-अलग रहते दिखाई पड़ रहे हैं और एक-दूसरे की शक्ल भी नहीं देखना चाहते हैं। कुछ भाग्यशाली लोगों के पास लिविंग रिलेशन वाली फैसिलिटी भी मौजूद है। जब मन करे बाय-बाय कर सकते हैं। फिर मैंने अपने घर का रुख किया। पहले प्रेम में एक जोश हुआ करता था, लेकिन अब गहराई ज्यादा है। प्रेम विवाह होने के बावजूद कभी-कभी पत्नी से लड़ाई भी हो जाती है। पता नहीं क्यों? शायद मेरी ही गलती होती है। वैसे प्रेम में बड़े-बड़े ख्वाब दिखाना शायद पुरुष की ही आदत होती है और फिर उन्हीं ख्वाबों के नीचे रोज थोड़ा-थोड़ा दबते हुए पुरुष का प्रेम दम भी तोड़ देता है। जिनका प्रेम दम तोड़ देता है वहाँ रोज महाभारत होती है। जो वीर दिखाए हुए सपनों के बोझ में दबे रहने के बाद भी चेहरे पर मुस्कुराहट बरकरार रखते हैं, उनकी जिंदगी ठीक-ठाक से कट जाती है।

जब इंसान प्रेम में होता है तो वह यथार्थ से कोसों दूर होता है। जैसे-जैसे विवाहोपरांत जिम्मेदारियों का बोझ बढ़ता है, प्रेम धीरे-धीरे गोल होते हुए जिम्मेदारी का रूप ले लेता है। पुरुष कितना भी कोशिश करे, कुछ-न-कुछ छूट ही जाता है, कुछ-न-कुछ कमी रह ही जाती है और फिर कभी-कभी वाटरलू घर में ही शुरू हो जाता है और यहाँ भी नेपोलियन हारता ही है। मुझे पूरा विश्वास है कि हिंदुस्तान के हर शादीशुदा इंसान का घर वाटरलू ही है जहाँ पुरुष रोज हारता ही नहीं, कभी-कभी शहीद भी हो जाता है।

लेकिन इन सबके बावजूद, पुरुष घर को घर बनाने में लगा रहता है। बीवी को मनाने में, माँ को समझाने में, बच्चों को घुमाने में। शायद यही उसका यथार्थ है। प्रेम तो छलावा था, प्रेम से उपजी जिम्मेदारियाँ ही सच होती हैं और उन जिम्मेदारियों का आजीवन निर्वहन करना ही प्रेमी का कर्तव्य होता है।

कई बार मैंने सोचा भगवान बुद्ध घर से क्यों चले गए? सोचा क्यों नहीं, विचारा क्यों नहीं?

अकेली धर्मपत्नी, छोटा बेटा, क्यों नहीं दिल पसीजा उनका? माया-मोह ने उनके पैर क्यों नहीं बाँध लिए? आखिर क्यों? लेकिन शादी के इतने वर्षों के बाद अब लगता है कि सही ही किया था भगवान बुद्ध ने। और क्या करते! इतनी जिम्मेदारियाँ होती हैं कि घर से भागने के अलावा विकल्प ही क्या रहता है। समय पर निकल लिए और आनंदपूर्वक भ्रमण किया। जिंदगी न मिलेगी दोबारा का सबसे पहला उदाहरण हमें बुद्ध में ही मिलता है। जिंदगी को अपने हिसाब से जिया। किस्मतवाले भी थे कि उनके जमाने में तकनीकी विकास कम था, इसीलिए वह घर से चले भी तो कोई उन्हें ट्रेस नहीं कर पाया और वह आसानी से बच भी गए।

अगर आज कोई घर से भागने की हिम्मत जुटाकर भाग भी जाए तो तत्काल ट्रैक कर लिया जाएगा और पुलिस पकड़ लाएगी। घरेलू हिंसा और नारी उत्पीड़न का केस अलग से चलेगा। मीडिया वाले उसको पॉपुलर अलग से कर देंगे और समाज में आपको एक नई पहचान मिलेगी।

इन सभी परिणामों का एहसास है मुझे, इसीलिए शादी के दस वर्षों के बाद भी मैं भगवान बुद्ध की राह पर नहीं चल पाया हूँ। शायद मैं उनके जितना मजबूत नहीं या उनके जैसा किस्मतवाला नहीं। इसीलिए शायद मेरे भीतर के भगवान बुद्ध मेरे भीतर ही रहते हैं और मैं भीतर-ही-भीतर निर्वाण प्राप्त कर लेता हूँ।

तमाम तकलीफों के बावजूद मुझे लगता है कि शादी-विवाह जिंदगी में बहुत जरूरी और धर्मसंगत है। इसीलिए लोग शादी-विवाह के इंस्टीट्यूशन में अभी भी विश्वास रखते हैं। मुझे भी लगता है कि तमाम घरेलू झंझावातों के बावजूद, कहीं थोड़ा-सा प्रेम अभी भी जीवित है और वही घर को घर बनाकर रखे हुए है। महिला उदार दिखती है और पुरुष उदार होते हैं और यही घर चलाता है। घर उसी दिन टूटता है जब पुरुष का उदारवादी हृदय जवाब दे देता है कि बस अब नहीं। बुद्ध का हृदय जवाब दे गया, मेरा हृदय इस जन्म में जवाब नहीं देगा। मेरे निर्वाण का रास्ता मेरे वैवाहिक जीवन से ही होकर निकलेगा। मेरा निर्वाण मेरे परिवार की खुशी में ही निहित है।

प्रयागराज सैफ्रंस

समय कभी नहीं रुकता, अपनी गति से भागता रहता है। समस्त बदलावों को आत्मसात करते हुए। इसी भागते निष्ठुर समय के साथ मेरा शहर इलाहाबाद से अब प्रयागराज बना दिया गया और देखते-ही-देखते इस बदलाव को जनता ने स्वीकार भी कर लिया है। पता नहीं क्यों मगर मैं इस बदलाव से असहज हूँ और भावनात्मक रूप से अपने को इलाहाबाद के समीप ही पाता हूँ। जन्म से लेकर जवानी तक मेरे ग्राम देवता ने मेरे शहर का नाम मुझे इलाहाबाद ही बताया है।

तुम हमेशा मेरे लिए इलाहाबाद ही रहोगे। मैं तुम्हारी कल्पना किसी और नाम से कभी भी नहीं कर सकता हूँ।

जब मैंने आँख खोली तब अपने आप को फूलपुर, इलाहाबाद में पाया। स्कूल गया नैनी, इलाहाबाद में। ग्रेजुएशन किया जिस कॉलेज से वह गउघाट, इलाहाबाद में था। पोस्ट ग्रेजुएशन इलाहाबाद विश्वविद्यालय से किया। दूसरे शहरों के लिए ट्रेन इलाहाबाद रेलवे स्टेशन से पकड़ी है। बचपन से लेकर जवानी तक जो भी जिया इलाहाबाद में जिया और जो भी किया इलाहाबाद में किया। अचानक पता चलता है कि अब जीवन के हर इक पन्ने से इलाहाबाद हटाना पड़ेगा और हर जगह इलाहाबाद की जगह प्रयागराज लगाना पड़ेगा। पता नहीं क्यों, ऐसा लगा मेरी पहचान मुझसे छीन ली गई। इलाहाबाद शब्द में मेरी आत्मा बसती रही है हमेशा से। काश मैं समय के इस खेल को रोक सकता!

मैं एक हिंदू हूँ और मैंने संगम में अनेक बार डुबकी लगाई होगी। मैंने हर एक कुंभ मेले में गंगा-यमुना का आशीर्वाद लिया है। ऋषि भारद्वाज के आश्रम में भी हर महीने दर्शन के लिए जाता रहा हूँ। संगम किनारे स्थित लेटे

हुए भगवान हनुमान मेरे आराध्य हैं। परंतु मेरी आस्था अगर मेरे धर्म से है तो मेरी आस्था मेरी मिट्टी से भी है। मेरी मिट्टी में अगर पवित्र संगम है जहाँ मैंने अनगिनत डुबकियाँ लगाईं हैं, तो मेरी मिट्टी में खुसरो बाग भी है जहाँ मैंने तमाम शामें गुजारी हैं। मेरी मिट्टी में अगर अलोपी देवी का मंदिर है तो मेरी मिट्टी में ऑल कैथड्रल चर्च भी है, जिसके मैंने खूब चक्कर लगाए हैं। मेरी मिट्टी में अगर चंद्रशेखर आजाद पार्क है तो मेरी मिट्टी में मिंटो पार्क भी है। यह सब मिलाकर ही मेरा इलाहाबाद बनता है।

तुम हमेशा मेरे लिए इलाहाबाद ही रहोगे। मैं तुम्हारी कल्पना किसी और नाम से कभी भी नहीं कर सकता।

जब आँखें खोली थी तब तुम इलाहाबाद थे और जब आँखें बंद करूँगा तब भी तुम इलाहाबाद ही रहोगे मेरे लिए। मुझे नहीं पता कि तुम्हारी उत्पत्ति अल्लाह आबाद से हुई है या फिर इला देवी से। मुझे नहीं पता कि तुम्हारा नाम हिंदू है या मुसलमान। मुझे सिर्फ इतना पता है कि तुम्हारे नाम से मेरे जीवन का हर लम्हा जुड़ा हुआ है और किसी भी शासक को मेरी यादों से, मेरे जीवन की तमाम स्मृतियों से छेड़छाड़ करने का कोई हक नहीं था।

किसी शासक ने सत्ता के जोश में प्रयाग को अल्लाह आबाद कर दिया था, आज के शासक ने प्रयागराज कर दिया। कल कोई और आएगा और वह कोई नया नाम दे देगा। कितने नाम बदलेंगे शासक लोग- श्रृंगवेरपुरम, प्रयाग, प्रयागराज, कौशांबी, इलाहाबास, इलाहाबाद और न जाने क्या-क्या नाम। हिंदुस्तान के इतने लंबे इतिहास में कितने ही नाम हुए हैं इस शहर के। जिस शासक का जो मन किया उसने वह नाम कर दिया। कभी ये नहीं सोचा कि जनता क्या चाहती है! नहीं सोचा कि जनता की भावनाएँ क्या हैं! आज भी वही किया गया है, पाँच सौ साल पहले जो गलती हुई थी, उसको दोहराकर आज के राजा को पता नहीं क्या मिलेगा और पता नहीं कौन-सा स्वाभिमान वापस आएगा!

प्रयागराज नाम में वह बात नहीं जो इलाहाबाद में है क्योंकि अगर प्रयागराज एक धर्म है तो इलाहाबाद एक दर्शन है और यह दर्शन अपने भीतर तमाम धर्मों को समाहित किए हुए है। प्रयागराज गंगा-जमुनी तहजीब से डिस्कनेक्टेड है और इसीलिए शायद मुझसे भी। हमारे देश में हर शहर

का एक अलग जीवन दर्शन विकसित हुआ है फिर वह शहर अपने नाम के बजाय उस जीवनशैली या कर्म-विशेष से पहचाना जाता है। हर-हर महादेव, राधे-राधे, माँ काली, रोसोगुल्ला, बिरयानी, कालीन, ताला, लोटा ये सभी शब्द किसी-न-किसी शहर विशेष के पर्यायवाची हैं। इसी क्रम में अगर इलाहाबाद का पर्यायवाची सोचा जाए तो मानस पटल पर एक ही शब्द उभरता है 'संघर्ष'। प्राचीन काल हो या आधुनिक, अकबर हो या अंग्रेज, भारती हों या बच्चन, महादेवी हों या प्रियदर्शिनी, यूपी बोर्ड हो या पीसीएस या फिर पूर्व का ऑक्सफोर्ड (इलाहाबाद विश्वविद्यालय) हो। इलाहाबाद ने केवल संघर्ष को पोषित किया है और बदले में दी है देश, समाज एवं दुनिया को नई ऊर्जा, दिशा एवं अनूठी उत्कृष्टतम संघर्ष गाथाएँ।

कैसा लगेगा अगर कोई किसी का नाम बदल दे? कैसा लगेगा अगर कोई आपकी पहचान बदल दे? कैसा लगेगा अगर रातोरात कोई आपका इतिहास बदल दे? कोई आपकी तमाम स्मृतियाँ बदल दे? मुझे भी ऐसा लगा है कि मानो किसी ने मेरा पूरा बीता हुआ जीवन बदलने की कोशिश की हो। मुझे पूरी श्रद्धा है प्रयाग नाम से। मुझे अपार प्रेम है हिंदू धर्म से। पर मेरा शहर मुझे इलाहाबाद के नाम से ही पसंद है और मैं अपने आप को इसी नाम से कनेक्ट कर पाता हूँ।

यह मेरा इलाहाबाद है
मेरे बचपन का इलाहाबाद
मेरी जवानी का इलाहाबाद
मेरी हर एक कहानी का इलाहाबाद
और
कागज पर कोई कुछ भी कर दे
मेरे दिल में मेरे शहर का नाम इलाहाबाद ही रहेगा
उसे कैसे मिटाएगा दुनिया का कोई भी शासक?

शून्य का एहसास

कल रात पापा मेरे सपने में आए थे। किसी बात पर मुझे कुछ समझाने की कोशिश कर रहे थे पर हमेशा की तरह मैं उनकी बात मानने को तैयार नहीं था। ठीक से कुछ याद नहीं लेकिन मैं नाराज होकर दूसरे कमरे में चला गया और फिर सपना टूट गया। नींद खुली और फिर यह एहसास हुआ कि वह एक सपना था। ऐसे सपने मुझे रोज आते हैं। पापा को गए हुए दो साल बीत चुके हैं।

पापा के जाने का अभी तक मुझे विश्वास नहीं हुआ है, क्योंकि मैंने कभी भी इस जीवन में यह कल्पना नहीं की थी कि मुझे उनके बिना भी इस दुनिया में रहना पड़ेगा। मुझे लगता था कि मेरे पापा कभी नहीं मरेंगे। अभी भी हमेशा यही लगता है कि जब भी घर जाऊँगा, पापा स्टेशन पर लेने आएँगे। परंतु पिछले दो-तीन बार से पापा रेलवे स्टेशन पर नहीं आते हैं और अब कभी भी नहीं आएँगे। अब मुझे उनके बिना ही स्टेशन से घर जाने की आदत डालनी पड़ेगी। जीवन के सारे काम उनके बिना ही करने पड़ेंगे जो उनके रहने पर उन्होंने मुझे कभी नहीं करने दिया। हकीकत में मुझे अब मुझे सारा जीवन ही उनके बिना जीना है। कभी सोचा नहीं था कि एक ऐसा समय भी आएगा जब पिताजी नहीं रहेंगे और घर की सभी चीजों को संभालने के लिए खुद को ही आगे बढ़ना पड़ेगा। मगर अब उनके बगैर ही जीना पड़ रहा है।

मानो कल की ही बात हो। एक अच्छे भविष्य की आस में जब सन 2002 में मैंने घर छोड़ा था, उस वक्त पापा पचास साल के थे। उसके बाद बस मेहमान की तरह ही घर आना हो पाता था। कभी दो दिन के लिए तो कभी चार दिन के लिए। जब पढ़ाई कर रहा था तो ज्यादा दिन नहीं रुक पाता था क्योंकि पढ़ाई का नुकसान होगा और जब नौकरी लग गई तब छुट्टी नहीं

मिलती थी। ऐसे ही समय बीतता गया और हर साल पिताजी से केवल 4-5 बार ही मिल पाता था। फोन रोज करते थे और एक ही बात रोज बोलते थे कि हाँ भइया सब ठीक है। हमें पढ़ाने के लिए एक स्ट्रिक्ट फादर होने का जो दिखावा उन्होंने हमारे बचपन में शुरू किया था उसी को जीते रहे। वह मुझे बहुत प्यार करते थे लेकिन कभी बोलते नहीं थे। मैं भी उन्हें बहुत प्यार करता हूँ लेकिन कभी खुलकर गले नहीं लग पाया उनसे। मैं कहीं भी होता था, उनका फोन नियम से रोज आता था। फोन पर यह कभी नहीं बोला कि आज तबियत ठीक नहीं है। हमेशा यही बोलते थे कि सब ठीक है।

मुझे याद है वह दिन जब मैंने आईएएस एग्जाम पास किया था तब वह बहुत खुश थे और वह खुशी उनके चेहरे की चमक में दिख रही थी। इलाहाबाद और प्रतापगढ़ दोनों जिलों में लोग उनका नाम ले रहे थे और हर तरफ से उन्हें खूब बधाईयाँ मिल रही थी। दो साल बाद जब छोटा बेटा भी आईएएस बन गया तो उसके बाद मानो जीवन में कुछ पाने को बचा ही नहीं था। भगवान ने उन्हें सब कुछ दे दिया था। एक छोटी-सी प्राइवेट नौकरी करते हुए तीनों बेटों को पढ़ाया और जब तीनों बेटे अच्छी जगह पर पहुँच गए तो वह संतुष्ट हो गए थे। जिस सपने को लेकर वह गाँव से इलाहाबाद आए थे, उसे भगवान ने पूरा कर दिया था। पापा बोलते थे कि भगवान ने इतना कुछ दे दिया है कि जितना मैंने सपने में भी कभी नहीं सोचा था।

एक ओर हम भाइयों की उपलब्धियों से जहाँ वह बहुत खुश रहते थे वहीं हम लोगों से दूर रहने पर वह भीतर-ही-भीतर दुखी भी रहते थे। साथ-ही-साथ इन बीते सालों में पापा का स्वास्थ्य भी तेजी से गिरा था। वैसे हर साल हम उनका मेडिकल चेकअप कराते रहते थे। लेकिन सबका समय भगवान लिखकर भेजता है। ऐसे ही दूर-दूर जीते हुए पंद्रह साल बीत गए और अचानक एक दिन पापा चले गए। मिडिल क्लास के लड़के संघर्ष ही करते रह जाते हैं और वक्त हाथ से निकल जाता है। हम लोग माँ-बाप के संघर्ष से अमूमन अंजान ही रहते हैं क्योंकि जब माँ-बाप संघर्ष करते रहते हैं तब हम खुद ही अबोध होते हैं। जब जानने की उम्र आती है तब हमारे अपने संघर्ष शुरू हो जाते हैं। ऐसे ही चलता है जीवन।

अंग्रेजी उपन्यासकार थॉमस हार्डी ने कहीं लिखा था कि हैप्पीनेस इज बट

एन ऑकेजनल एपिसोड इन जनरल ड्रामा ऑफ पेनफुल लाइफ (खुशियाँ दुख भरे जीवन में कभी-कभी ही आती हैं)। मेरे साथ भी ऐसा ही हुआ। पापा ने हमारे जीवन के लिए अपना सब कुछ त्याग दिया और हम शायद उनके लिए कुछ भी नहीं कर पाए। जब उनका सही में जीवन जीने का समय आया, तब भगवान ने उन्हें हमसे छीन लिया। बहुत कुछ करना था उनके लिए, बहुत कुछ बताना था उनको। कुछ बातों के लिए माफी भी माँगनी थी उनसे। लेकिन वह सब उनके जाने के बाद मेरे भीतर ही है अब।

पापा को भगवान ने नाम वाला जीवन दिया, लेकिन उसकी उम्र कम थी। उनका जाना पूरे परिवार को हिला गया। मानो किसी ने अंदर तक काट दिया है परिवार की आत्मा को। शरीर से जैसे जान अलग हो गई हो। पापा का जाना मैं आजतक स्वीकार नहीं पाया हूँ। पापा अकेले नहीं गए, वह अपने साथ मेरा पूरा घर लेकर चले गए। उनकी याद मेरे घर के जर्रे-जर्रे में है। घर की हर एक चीज उनकी यादों से भरी हुई है। उनकी डायरी में उनकी लिखावट आज भी जिंदा है। उनकी अटैची में रखे हुए उनके पुराने कपड़ों में उनकी खुशबू मैं आज भी महसूस करता हूँ। उन्हें सूट पहनने का बहुत शौक था। आलमारी में टँगे सारे सूट आज भी शायद उनके आने का इंतजार कर रहे हैं। उनकी किसी भी चीज को अपने से दूर करना असंभव है। उनकी हर एक चीज में मेरी यादें जुड़ी हुई हैं और मैं अपनी यादों को अपने से कभी अलग नहीं कर सकता।

जीवन की आपाधापी में मिडिल क्लास के बच्चे मेरी तरह ही अपनों को खो देते हैं। बाद में केवल अफसोस रह जाता है। कनाडा और अमेरिका जाने वाले लोग तो अपनों को आखिरी बार देख भी नहीं पाते हैं। जीवन में हासिल की गई तमाम ऊँचाइयाँ इन मौकों पर खोखली-सी नजर आती हैं। जाने वाले कभी लौटकर नहीं आते और अमूमन सभी लोग अपनों के जाने के बाद ही इस बात को महसूस कर पाते हैं। जीवन अपनों से है, सिर्फ उपलब्धियों से नहीं।

पापा कभी नहीं मर सकते। मैंने उनको और उनकी यादों को अपने भीतर ही जिंदा दफ्न कर लिया है। पापा अब उसी दिन मरेंगे, जिस दिन मैं मरूँगा।

आत्ममंथन

आधा जीवन बीत चुका है। चालीस साल का होने वाला हूँ। आज जब भी पीछे मुड़कर देखता हूँ तो पूरा जीवन एक क्षण में नजर के सामने से घूम जाता है। यह एहसास होता है कि जिंदगी का एक पड़ाव बीत चुका है। लेकिन मैं बहुत कम जी पाया बीते सालों में। समय भाग गया और मुझे पता ही नहीं चला। लोग छूट गए और मुझे एहसास ही नहीं हुआ। एक बेहतरीन कल के चक्कर में मेरा आज रेत की तरह फिसल गया। आज यह एहसास होता है कि इंसान अच्छे जीवन के चक्कर में भागता ही रह जाता है और इस भागदौड़ में वह जिंदगी के तमाम अच्छे लम्हों को जीने से चूक जाता है। मैंने भी ऐसे कुछ लम्हे गँवा दिए और मुझे इस बात का हमेशा दुख रहेगा। बीते समय को कोई नहीं पकड़ सकता है। जाने वाले कभी नहीं आते हैं। जब अपने साथ हैं, तो सब कुछ अच्छा है। एक बार अगर अपनों का साथ छूट गया तो फिर हासिल की गई उपलब्धियों में हमेशा एक टीस रहेगी।

जीवन में उन तमाम लम्हों को वापस पाने की ख्वाहिश है जहाँ मैं मन से उपस्थित था, पर संघर्ष के कारण भौतिक रूप से उन लम्हों को जी नहीं सका। पिताजी के जाने के बाद मुझे इस बात का एहसास हुआ कि जिंदगी में कुछ भी कल नहीं होता है। वर्तमान में ही आपका जीवन है और आप को उसी को बेहतरीन बनाना चाहिए। एक अच्छे सपने को पूरा करने के चक्कर में हमें अपना आज खराब नहीं करना चाहिए। जीवन की जरूरतों का कोई अंत नहीं है। आज के संसाधनों में ही हमें अपना बेहतरीन करना चाहिए। जीवन सिर्फ उतना ही है जितना आप वास्तविक रूप में जी रहे हो। संघर्ष अगर फलीभूत भी होता है तो यह जरूरी नहीं कि संघर्ष के दौरान खोई चीजों, व्यक्तियों को आप वापस पा लेंगे या फिर से बीते पलों को जी लेंगे।

लेकिन एक सच्चाई यह भी है कि संघर्ष ही मिडिल क्लास के लड़कों का प्रारब्ध होता है। यही उनकी किस्मत होती है। एक बार मिडिल क्लास में जन्म हो गया, तो कोई इससे बच नहीं सकता है। मिडिल क्लास के लड़के संघर्ष के लिए ही बने हैं। उन्हें कभी जीवन में सब कुछ बना-बनाया नहीं मिलता है और इसीलिए उनका जीवन बस लड़ाई में बीत जाता है। अच्छे बचपन की लड़ाई, अच्छी स्कूलिंग की लड़ाई, अच्छी नौकरी की लड़ाई, जिंदगी में सेट होने की लड़ाई, इन सभी लड़ाइयों में वे फँसे रह जाते हैं। जब तक वे सेट हो पाते हैं, तब तक उनका बहुत समय बीत चुका होता है। शहर छूट जाता है, दोस्त-यार छूट जाते हैं। कभी-कभी अपने भी छूट जाते हैं। बुजुर्ग माँ-बाप हमारा इंतजार करते रह जाते हैं। जिंदगी कभी बैलेंस नहीं हो पाती है। कुछ-न-कुछ छूट ही जाता है। मिडिल क्लास में मूल्यों को बचाते हुए जीवन में ऊँचाई पर पहुँचने की लड़ाई का अंत नहीं है। मेरी यही दुआ है कि ऐसी तमाम जिंदगियों में संघर्ष की उम्र कम हो और खुशियों की उम्र लंबी हो।

संघर्ष आज भी जारी है। संघर्ष कभी नहीं रुकता है। कल मैं था, आज कोई और है और कल कोई और होगा।

चलते-चलते

संस्मरणों का कोई अंत नहीं होता है। हर डूबता दिन एक संस्मरण को जन्म देता है। हर इंसान का जीवन खट्टी-मीठी यादों के खजाने से भरा होता है। मेरा जीवन भी कोई अपवाद ही है।

पीछे मुड़कर जब देखता हूँ तो यह सवाल जरूर उठता है कि वर्तमान अच्छा है या अतीत। इसका उत्तर हर इंसान के लिए अलग हो सकता है। मेरे विचार से अतीत और वर्तमान दोनों को निरंतरता के क्रम में देखा जाना चाहिए। किसी भी देश, समाज, समुदाय, वर्ग या व्यक्ति का अतीत उसके वर्तमान को न केवल प्रभावित करता है बल्कि भविष्य निर्माण और सृजन के लिए दिशा निर्धारित करता है। हाँ, यदि मुझसे पूछा जाए कि अतीत बेहतर या वर्तमान, तो मैं निःसंकोच वर्तमान को चुनूँगा।

जिस आर्थिक, सामाजिक, शैक्षणिक पृष्ठभूमि से मैं और मेरे जैसे करोड़ों गरीब और मध्यम वर्ग के लड़के आते हैं, वहाँ छात्र जीवन में सुनहरे भविष्य की संकल्पना का पैमाना पौष्टिक भोजन, जीवन में शांति, समाज में थोड़ी-सी प्रतिष्ठा, मान या कहें कि छोटी-सी एक नौकरी होती है। प्रारंभिक जीवन की उथल-पुथल और संघर्षों के बाद अंततः वर्ष 2010 में सिविल सर्विस में चयन हुआ और आज सेवा में रहते लगभग दस वर्ष हो चुके हैं। अतः मेरी दृष्टि में जिस सुनहरे भविष्य की कल्पना कभी मैंने या मेरी जैसी स्थितियों में किसी ने की होगी, उससे कहीं बेहतर ईश्वर ने मुझे दिया।

मनुष्य को अपने जीवन से जुड़े हित, सुख-दुख को समग्रता से एक पैकेज में देखना चाहिए, जहाँ आपको बहुत कुछ हासिल होगा तो बहुत कुछ छूट भी जाएगा।

सिविल सर्विस की तैयारी के दौरान जिस प्रकार के जटिल जीवन संघर्षों से सामना हुआ था, आज उनसे निजात अवश्य मिली। समाज में मान-

सम्मान, पैसा सब कुछ मिला। लेकिन साथ ही अपनों से दूर रहकर हासिल यह उपलब्धि एक मशीनी उपलब्धि जैसी लगती है। इसीलिए मेरी लेखनी बार-बार इलाहाबाद को ही पकड़ना चाहती रही है। यह सिर्फ अपनी जड़ों से जुड़े रहने की चाह है, जो मेरे भीतर अपने समाज एवं शहर के लिए प्रेम को जीवित रखे हुए है। हमारी जड़ें ही हमारे अस्तित्त्व का आधार हैं और यह संस्मरण मेरी जड़ों से मेरे प्रेम का एक प्रदर्शन है।

आज मैं जहाँ भी हूँ, जैसे भी हूँ, उसके लिए ईश्वर का धन्यवाद अदा करता हूँ और अपने को सफलता के उस मुकाम पर खड़ा पाता हूँ जहाँ पर देश के करोड़ों लोग पहुँचने का ख्वाब देखते है।

***

...जीवन का पूरा संघर्ष उस इंसान को समझाने में ही बीत रहा है, जो मेरे भीतर रहता है। वह इंसान दिन भर घूमना चाहता है, माँ के साथ ही पूरा दिन रहना चाहता है। बच्चियों के बचपन में अपना बचपन खोजना चाहता है। पिता के साथ संगम घूमना चाहता है। चाहता है कि दिन भर बिस्तर पर पड़ा रहे। कभी पुरानी फिल्में देखे। कभी पुराने संगीत में डूबा रहे। कभी फुर्सत से अपने मोहल्ले की दुकान पर पुराने दोस्तों के साथ चाय पिए। फिर कभी पहुँच जाए गंगा किनारे बस यूँ ही। वह तमाम काम करे जिन पर समाज ने पाबंदियाँ लगाई हैं। वह इंसान मुझे जीने नहीं दे रहा और मैं उसको मरने नहीं दे रहा हूँ।

***

बस अब चलता हूँ
इसका कोई आरंभ नहीं
इसका कोई अंत नहीं
कुछ किस्से आज
और
शेष फिर कभी...